Salzburg
Salzburger Land

Doris Seitz
Wolfgang Seitz

Reisen mit Erlebnis-Garantie

MERIAN-TopTen
Was Sie unbedingt sehen sollten

MERIAN-Tipps
Persönliche Empfehlungen unserer Autoren

MERIAN-Bewertung
MMM Nicht zu übertreffen
MM Herausragend
M Sehr gut

Für Familien
Für Eltern mit Kindern besonders geeignet

Tourenplaner
65 km ss127 Damit Sie leichter ans Ziel kommen

MOZART

Der wohl berühmteste Sohn der Stadt: Wolfgang Amadeus Mozart. Im Bild seine Statue am Mozartplatz in Salzburg (→ S. 31).

Karten und Pläne

Die Buchstaben-Zahlen-Kombinationen im Text verweisen auf die Planquadrate der Karten.

Traumlandschaft und Sommerfrische?

Literatentreffs und Festspiele? Almen und »modern sports«? Das alles und mehr gibt's in Salzburg-Stadt und -Land.

Herbststimmung am Hochkönig: Vor der gewaltigen Südwand liegt Dienten mit seinem Kirchlein St. Nikolai. Die einstige Bergbausiedlung hat heute knapp über 800 Einwohner (→ S. 64).

Der Stau auf der A8 zwischen München und Salzburg ist jahrzehntealt und sprichwörtlich. Waren es in den sechziger Jahren »Kaffeetanten« und Senioren, die mit ihrem neuen Volkswagen – zumindest aus Süddeutschland – mal eben schnell zum Nachmittagskaffee in die Mozartstadt zuckelten, so ziehen heute scharenweise junge Leute ins benachbarte Salzburg, um in der Mozartstadt einen draufzumachen oder im dazugehörigen Land den Sport von seiner schönsten Seite kennen zu lernen.

Nicht mal zwei Autostunden von München (ohne Stau) entfernt, liegen Stadt und Land Salzburg mit ihrer bewegten Geschichte, mit einem Freizeitangebot für Jung und Alt, mit einer Fülle von landschaftlichen Höhepunkten, mit einem Terminkalender voller Aktivitäten, mit Attraktionen vom Feinsten, mit einer Subkultur, die selbst verwöhnte Schickimickis aus der bayerischen Landeshauptstadt anzieht.

Die Zeiten, als vor allem die Rentner im Salzburger Land Urlaub machten, sind vorbei – obwohl sich gerade auch ältere Semester in der Stadt an der Salzach und den beschaulichen Gauen recht wohl fühlen. Die Österreicher im Allgemeinen und die Salzburger im Besonderen waren schnell davon überzeugt, dass die Zukunft des Fremdenverkehrs nicht nur in der Hochkultur zwischen »Don Giovanni« und dem »Jedermann« liegt. Bei **Trendsportarten** wie Mountainbiken, Drachen- oder Gleitschirmfliegen, Riverraften und Hydrospeed hatten die Österreicher und mit ihnen die Salzburger bald die Nase vorn. Im Winter war das ebenso: Schnell fanden die Snowboarder im Salzburger Land eine Heimat, und auch das winterliche Heißluftballontreffen in Filzmoos hat bereits Tradition.

Tradition ist wieder Trumpf

Apropos Tradition: Die Brauchtumspflege hat sich ebenfalls ihrer Ursprünge besonnen und wieder vom Touristenkitsch abgewandt. Der monumentale Alpenbarock, mit dem so mancher Hotelier den goldenen Jahren des Tourismus in Neu-, Um- und Anbauten der Beherbergungsbetriebe Ausdruck verlieh, weicht langsam einer traditionsbewussten Bauweise. Im Festtagskalender der Orte haben traditionelle Feste wieder ihren Platz; man ist unter sich, doch Winterurlauber und Sommerfrischler sind eingeladen mitzumachen.

Natürlich – und das merken Touristen ganz besonders stark im Geldbeutel – sind die Lebenshaltungskosten in Österreich relativ hoch. Preiswert übernachten kann man vielleicht noch auf der Alm, wo ein eiskalter Brunnen die warme Dusche ersetzt. Wer allerdings auf seinen drei bis vier Sternen besteht, vielleicht mit hoteleigenem Hallenbad, Sauna und Solarium inklusive, der muss kräftig in die Tasche greifen. Und so kommt ein Urlaub in Salzburg-Stadt oder -Land recht schnell in

Oben: Mit 29 Jahren besiegte Barbara Passrugger als erste Frau die Dachstein-Südwand.

Mitte: Eine grandiose Alpenlandschaft wird im Nationalpark Hohe Tauern geschützt (→ S. 50).

Unten: Schmucke Hausfassaden zeugen vom Reichtum der Salzstadt Hallein (→ S. 72).

preisliche Dimensionen, in denen ein Pauschaltourist auch gut und gerne in die Dominikanische Republik jetten kann ...

Zu Recht verweisen die Fremdenverkehrsämter auf die hohe Qualität, die der Urlauber für sein Geld bekommt, bezeichnen das Salzburger Land werbewirksam als »ein kleines Paradies«. Kurz gesagt: Wie viele Urlaubsregionen hat auch das Salzburger Land mit Einbußen zu kämpfen. Umsatzrückgänge gefährden nicht nur die Existenz einzelner Hoteliers. Für den Urlauber ergeben sich dadurch Vorteile. Vor allem die Zielgruppe Familie wird umworben. Sonderangebote des Salzburger Verkehrsverbundes, ein bewusstes Eintreten für die Umwelt, pfiffige Angebote für die ganze Familie sind abrufbereit, man verweist auf die noch relativ ungeschädigte Natur, die sauberen Gewässer.

Die Landschaft ist ein Geschenk des Himmels

Das einem liegenden, spitzen Dreieck gleichende Bundesland Salzburg wird im Norden begrenzt von Oberösterreich, im Osten von der Steiermark, im Süden von Kärnten, Osttirol und Südtirol (Italien), im Westen von Tirol und Bayern. Das Berchtesgadener Land reicht mit einem schmalen Zipfel weit ins Salzburgische hinein. Das Bundesland unterteilt sich in die Stadt Salzburg und fünf Regionen: Flachgau, Tennengau, Pongau, Pinzgau und Lungau.

Was heutzutage den Reiz dieser Landschaft ausmacht, die unwegsame Hochgebirgswelt und raue, reißende Gebirgsflüsse, empfanden die Menschen der Bronze- und Eisenzeit als nicht gerade siedlungsfreundlich. Doch die Flusstäler von Salzach und Saalach sowie deren Zuflüsse begünstigten bereits frühsteinzeitliche Besiedelung. Die Salzvorkommen in der Gegend von Hallein und die Kupferminen im Pongau zogen Siedler an. Bis Mitte der sechziger Jahre des 20. Jahrhunderts wurde am Mitterberg Kupfer abgebaut. Die Salzgewinnung im Raum Hallein-Dürrnberg war über die Jahrtausende hinweg ein bedeutender Wirtschaftsfaktor. Erst am 31. Juli 1989 wurde sie aus Gründen der Rentabilität eingestellt. Über diesen wichtigen Erwerbszweig, der entscheidend zur Blüte Salzburgs und des Salzburger Landes beigetragen hat, informieren heute verschiedene Museen, zum Beispiel in Hallein (stillgelegtes Salzbergwerk auf dem Dürrnberg) oder das Oberndorfer Heimatmuseum (Salzschifffahrt).

Auch diese Museen sind, wie die landschaftliche Schönheit, wiederum Besuchermagneten, ein Teil der Tourismusindustrie. Der Tourismus, das ist ohnehin ein Kapital für sich, denn immerhin knapp 25 Prozent des Bruttoinlandsprodukts rekrutieren sich aus Handel und Fremdenverkehr. Nach dem Zweiten Weltkrieg, der auch Österreich mit ins Verderben gerissen hatte, ging es mit dem Tourismus aufwärts.

Nachdem die Zonen- und Staatsgrenzen der Alliierten gelockert worden waren, entwickelte sich der Fremdenverkehr zu einem der Wachstumsträger und zum wichtigsten Wirtschaftszweig im Land Salzburg. Es entstanden Seilbahnen und Lifte, Hotels, Gasthäuser und Privatquartiere. Gerade die Privatzimmer boten der Landbevölkerung eine zusätzliche Einnahmequelle. Seit 1949 verzeichnen die Statistiker eine stürmische Aufwärtsentwicklung im Tourismus. Zählte man im Sommerhalbjahr 1948 107 993 Übernachtungen und im folgenden Winterhalbjahr 59 613, so kletterten die Übernachtungszahlen 1955 über die Zweimillionengrenze – und im Winter kamen fast eine halbe Million Besucher in die Region. Die jüngsten veröffentlichten Zahlen sprechen von 20,9 Millionen Übernachtungen, wobei jeder Gast im Durchschnitt etwa fünf Tage im Salzburger Land blieb. Und schon immer war es der deutsche Gast, der über den Erfolg der Bemühungen örtlicher Tourismusmanager entschied.

Sommerfrischler und internationale Prominenz

Die Schwärmer kamen im Lauf des 19. und 20. Jahrhunderts ins Land. Das Künstlervolk fühlte sich hier recht bald wohl. Maler, Komponisten, Schauspieler, Literaten kamen, wenn nicht hier geboren oder zugezogen, zumindest als Sommerfrischler – und manche blieben, wie Carl Zuckmayer vor seiner Emigration, gleich einige Jahre. Und viele andere Prominente schätz(t)en die Region: Baron Vogel mit Winnie Markus, Curd Jürgens, Adnan Kashoggi, Herbert von Karajan, Niki Lauda, der deutsche Ex-Bundeskanzler Helmut Kohl. Nur der Kaiser des Fußballs, Franz Beckenbauer, hat vor Jahren sein Domizil im benachbarten Tirol in Kitzbühel aufgeschlagen ...

Grund für Salzburgs Popularität – und nun meinen wir die Landeshauptstadt – ist wohl auch ein wenig diese »Szene«. Wenn sich die Prominenten zu Festspielzeiten ein Stelldichein geben, erhoffen sich Otto Normalverbraucher und Lieschen Müller zumindest einen Blickkontakt mit der Highsociety. Dabei sein heißt die Devise, wenn die ganze Stadt zur Bühne wird. So beschrieb es schon 1893 der Schauspieler Max Reinhardt.

Kulturelle Publikumsmagneten sind außerdem das Chorfestival, die Osterfestspiele, die Mozartwochen, die Kulturtage und ... und ... und ... Denn auch vor und nach der Festspielzeit ist in Salzburg was los. Auch wenn die Highsociety die Stadt wieder verlassen hat, gibt es noch genügend Theater, Konzerte und kulturelle Veranstaltungen. Solides Niveau für die einen, ausgefallenere Dates für die anderen. Die **Szene**, das **Kulturgelände Nonntal** oder das jährliche **Avantgarde-Jazzfestival** an der Elisabeth-Bühne sind Publikumsmagneten. Und wer die leisen Töne liebt, begibt sich zur Lesung angesehener und bekannter Schriftsteller in das Literaturhaus **Eizenbergerhof**.

Es geht (fast) auch ohne Mozart

Und noch ein wenig Klischee: Salzburg? Mozart, klar. Schnürlregen, Trachtenläden, Festspiele, Karajan. Man kennt das ja. Salzburg ist mehr. Entdecken Sie Salzburg, wie es ist für den Salzburger. Ein bisschen abseits von Wolfgang Amadeus. Gemütlicher Spaziergang über den grünen Samstagsmarkt. Ein typisches Stück Salzburger Leben. Hier gibt es noch die »gnädige Frau«, die »Frau Kommerzienrat« und die »Frau Professor«. Wer gerne ein **Seidl** trinkt, ein kleines Bier, der geht in ein **Beisl**, zum Beispiel **Zur Maria**. In solchen Tagestreffs ist es immer recht voll – und vom Fremdenführer bis zum Uniprofessor alles vertreten. Wer ein typisches Salzburger Mitbringsel sucht, kommt an Mozart dennoch nicht vorbei. Die nach ihm benannten Pralinen sind ein absolutes Muss für jeden Urlauber. Doch nur in der **Konditorei Fürst** gibt es die »originalen Salzburger Mozartkugeln«.

Doch noch Lust auf Mozart bekommen? In seinem Geburtshaus in der Getreidegasse erinnern Mobiliar und Schriftstücke an den berühmten Komponisten. Unter den Modellen für Bühnenbilder zu Mozarts Opern finden sich auch Entwürfe für die »Zauberflöte« aus der Hand des russischen Künstlers Marc Chagall.

! MERIAN-Lesetipp

Seit eh und je war das Salzburger Land ein Paradies für Sommerfrischler. Der Schriftsteller **Carl Zuckmayer** lebte von 1926 bis 1938 in Henndorf am Wallersee. In seiner **Henndorfer Pastorale** (Residenz-Verlag, Salzburg und Wien) gibt er den subtilen Einblick eines Kenners in die Seele der Menschen. Er lässt seine Leser unter anderem an einem ländlichen Fest teilhaben, an seiner Wiederbegegnung mit dem Ort, in dem er lange Jahre gelebt hat, und an seinem Wiedersehen mit alten Freunden.

Fit für Sport

Nur sitzen und sich kulturell berieseln lassen, danach fein soupieren, eventuell im Spielkasino in Schloss Klesheim dem Glück nachjagen, das ist nicht jedermanns Sache. Bewegung tut Not – und sie tut gut. Das breite Angebot im Salzburger Land bietet für jeden etwas. Das Land ist reich an Bergen und Tälern zum Bergsteigen und Bergwandern, zum Skifahren, Snowboarden und Langlaufen, es ist sanfthügelig oder steil ansteigend – für Radwanderer und Mountainbiker zugleich ein kleines Paradies. Und das Angebot an Golfplätzen ist inzwischen so groß, dass sich der ambitionierte Liebhaber des grünen Sports sozusagen durchs ganze Land golfen kann. Wenn Sie also auf der A 8 im Stau stehen, können Sie sich bei einem heiteren Ratespiel die Zeit vertreiben: Welche Attraktion führt die Menschen in den Autos rundherum wohl ins Salzburger Land?

Oben: Eines der Fresken aus dem 12. Jahrhundert im Stift Nonnberg zeigt den lateinischen Kirchenlehrer Augustinus (→ S. 34).

Mitte: Das Innere des romantischen Wasserschlosses Anif ist leider nicht für die Öffentlichkeit zugänglich (→ S. 39).

Unten: Wann da Schnee staubt und die Sonn scheint – I fahr no moi auffi und bleib am Montag a no do – Schi fahrn!

Hotels und andere Unterkünfte

Wie man sich bettet, so liegt man.

Ob in der Suite eines Luxushotels oder im rustikalen Zimmer einer kleinen, familiären Pension oder eines abgelegenen Bauernhofs.

Eine traditionsreiche Adresse mit Charme: das Hotel Goldener Hirsch in Salzburg (→ S. 25).

Residenz der Erzbischöfe, Drehort der »Sissi«-Filme und Hotel der Luxusklasse (→ S. 41).

Sorge braucht niemand zu haben, dass er in Salzburg oder im Salzburger Land kein Dach über dem Kopf findet, unter das er sein müdes Haupt betten kann. Ganz im Gegenteil. Die Hotellerie ist in allen Kategorien ausreichend gerüstet, um Besucherströme aus dem In- und Ausland aufzunehmen.

Wer außerhalb der Saison in diese Gegend reist, bekommt in der Regel problemlos ein Zimmer. Eine Reservierung empfiehlt sich aber zur Hauptreisezeit. Besonders während der Salzburger Festspiele kann es schwierig werden, in der stadtnahen Umgebung eine Bleibe zu finden.

Ein Blick in die Statistiken beweist, dass die Mehrzahl der Gäste in gastgewerblichen Beherbergungsbetrieben absteigt, sprich in Hotels und Gasthäusern. 1998 wurden hier 12,2 Millionen Übernachtungen registriert, in Privatquartieren hingegen nur gut zwei Millionen. Bei Ein- bis Drei-Sterne-Unterkünften hat der Gast die Qual der Wahl. Nicht allzu üppig gesät sind die Fünf-Sterne-Hotels. Acht gibt es in Salzburg, elf im Salzburger Land. Die Vergabe von halben Sternen ist eine österreichische Besonderheit. So weist das Land noch zehn Viereinhalb-Sterne-Hotels auf sowie 177 Vier-Sterne-Hotels. Allein die Stadt Salzburg hat 35 in dieser Güte. Ausgelastet sind sie vor allem in der Mozartstadt, im Gasteinertal, im Pongau und im Pinzgau.

Reich ist auch das Angebot an kleineren Pensionen, die mit ihrer familiären Atmosphäre werben, an Ferienhäusern und Apartments für die unabhängigen Urlauber, an Bauernhöfen und Campingplätzen.

Kreditkarten werden von den wenigsten Hotels gerne, wenn überhaupt genommen.

Hotels sind bei den einzelnen Orten im Kapitel »Sehenswerte Orte« beschrieben.

Preisklassen

Die Preise gelten für eine Übernachtung für zwei Personen im Doppelzimmer inklusive Frühstück. Während der Festspielzeit und bei anderen Veranstaltungen können sie sich aber in Salzburg und der näheren Umgebung verdoppeln, wenn nicht verdreifachen.

★★★★ ab 180 €
★★★ 60–180 €
★★ 25–60 €
★ bis 25 €

Alle in diesem Buch empfohlenen Unterkünfte auf einen Blick

Komforthotels für höhere Ansprüche

Hotels mit Flair/besondere Lage

Bauernhöfe/Berggasthöfe/ Almhütten

Stadthotels

Kinderfreundliche Unterkünfte

Einfache Hotels/Pensionen

Campingplatz

! MERIAN-Tipp

Hotel Sacher Salzburg »Österreichischer Hof« In Salzburgs »Grandhotel« an der ruhigen Salzach-Promenade mitten im Herzen der Stadt betten sich nicht nur gekrönte Häupter und Aristokraten. Das Gebäude, das Carl Freiherr von Schwarz in den Jahren 1863 bis 1866 erbauen ließ, bietet auch einen idealen Rahmen für Tagungen und Bankette. Luxuriös ausgestattet sind die 120 Gästezimmer und die Suite. Schwarzstr. 5–7, 5020 Salzburg; Tel. 06 62/8 89 77, Fax 8 89 77 14; e-mail: oehof@oehof.com; 120 Zimmer, 1 Suite ★★★ AmEx DINERS EURO VISA

c 3

Vorwiegend deftige Kost und eine bodenständige Küche hat das Salzburger Land zu bieten. Die Rezepte basieren auf den Produkten, die der Boden hervorbringt.

Ins Café Winkler auf dem Mönchsberg kommt man vor allem wegen des traumhaften Blicks auf Salzburg und die Festung Hohensalzburg.

Jahrhundertelang wurde von der ländlichen Bevölkerung schwere körperliche Arbeit geleistet. Der hohe Bedarf an Kohlenhydraten wurde durch Mehl- und Kartoffelspeisen gedeckt. Für Gemüsegerichte holten sich die Bäuerinnen das in ihre Pfannen und Töpfe, was der heimische Boden Monat für Monat hervorbrachte. Fleisch kam nur an Fest- und an Feiertagen auf den Tisch.

Der tägliche Speisezettel bestand hauptsächlich aus Wasser- und Schmalzkost. Knechte und Mägde unterschieden zwischen dem **Brennsupp'nbauern** und dem **Muasbauern**. Beim Brennsupp'nbauern gab es nur Wassersuppen, während der »reichere« Muasbauer viel Fett für sein kräftiges Essen verwendete. Eine Redensart sagt, wenn einer »nicht auf der Brennsupp'n daher-g'schwommen ist«, dann kommt er aus einer guten Familie. Das **Muas** zählt zu den ältesten Speisen der Menschheit. Es ist älter als Brot. Getreide wurde dafür zwischen Steinen zermahlen und mit Wasser und Milch vermischt: Das Muas war erfunden.

! MERIAN-Tipp

Salzburger Nockerln Diese typische bürgerliche Speise des 19. Jahrhunderts und Ausdruck des frühen großbürgerlich-adeligen Salzburg-Tourismus ist weltweit bekannt. Kurz vor 1900 wurde das Salzburger Nockerl in die gutbürgerlichen Kochbücher und in die Salzburger Gastronomie eingeführt. Heute ziert die Süßspeise, die im Wesentlichen aus Eischnee besteht, jede Speisekarte im Land.

Kraut, Knödel, Nocken

An Salzburgs Stadtrand bauen die Walser Bauern ihr grünes Kraut an, das für Krautspatzen, Krautspeck, Krautfleckerl, Krautstrudel und für Krautnudeln verwendet wird.

Das Sauerkraut heißt im Pinzgau **Hoargneist**, da das mit Mehl bestäubte Kraut an einen Knäuel ausgekämmter weißer Haare erinnert. Zum Hoargneist isst man im Land **inner Gebirg-Knödel** in verschiedensten Variationen. In manchen Gasthöfen des Pinzgaus sind noch heute der Dienstag, der Donnerstag und der Freitag die bevorzugten Knödeltage. Im Flachgau können diese Knödel klein wie eine Walnuss sein oder groß wie ein Tennisball. Sie können in der Suppe schwimmen oder ein Fleischgericht vervollkommnen. Ganz süß, unter Zucker verborgen, überraschen sie mitunter beim Nachtisch.

In Pinzgau und Pongau sind es die Nocken, die dem Knödel Konkurrenz machen. Der Lungau hat es mit den **Hasenöhrl**-Käsegerichten. Kaspressknödel und die Kasnocken gehören zum Pinzgau, ebenso wie die **Nüdei**, **Farfeln** und **Bladln**.

Pinzgauer Bierkäs', Flachgauer Schaf- und Ziegenkäse, Radstädter Sauerkäs', Nockenkas' und ein feiner Frischkäse mit Kräutern aus dem Pongau stehen auf dem Speiseplan der Käseliebhaber. Und ein besonderer Tipp: Die meisten dieser Käsespezialitäten kann man direkt vom Bauern beziehen.

Fisch und Fleisch

Aus den Gewässern des Flachgaus und des Salzkammerguts kommen Saiblinge, Bachforellen und die schmackhaften Äschen.

Beliebte Fleischgerichte sind Bauernbratl, Bierfleisch (in Schwarzbier gedünstetes Rindfleisch) und Schweinsbratl. Gutes Lamm fürs **Bauernschöpserne** und Rindfleisch aus der Tauernregion stehen hoch im Kurs.

Allerlei Bräuche zu verschiedenen Festen

Im Lungau werden zu Fronleichnam **Prangnüdei** gebacken, das sind kleine Krapfen aus Germteig. Relikt eines uralten Opferkultes ist der Brauch des **Gebildbrotes**, der im Pinzgau verbreitet ist. Gebildbrote galten als Glücksbringer und wurden an Kinder, Verwandte und Arme verteilt. Heute noch bekommen die Kinder zu Ostern einen **Osterfleck**, ein mit gefärbten Eiern verziertes Fladenbrot.

In der Weihnachtszeit wird überall in Salzburg **Kletzenbrot** (Brot mit getrockneten Birnen) gebacken. Früher wurde am Heiligen Abend ein großer, schön verzierter Laib vom Hausvater gesegnet, angeschnitten und an alle Hausleut' verteilt. Am 24. Dezember, dem so genannten Bachltag, wurde zu Mittag das **Bachlkoch** gegessen, ein Mehlbrei mit Mus oder Honig verfeinert.

Süße Köstlichkeiten

Was dem Pinzgauer sein Bachlkoch, ist dem Lungauer sein **Rahmkoch**, eine kalorienreiche Süßspeise aus Rahm, Mehl, Butter, Zimt, Zucker, Anis und Korinthen. Im Tennengau gibt es die Abtenauer Hauberlkrapfen, in Pinzgau und Pongau Rohrnudeln, Moosbeernudeln, Kerschflenken, Himmelnudeln mit Mohn und Zucker, die dann **Buamazipfei** oder **Weananudeln** heißen, oder Honiglempen.

Eine weitere Köstlichkeit sind die Mozartkugeln, jene weltberühmten Pralinen aus Marzipan, Nougat und Bitterschokolade. Als echt gilt nur die **Original Mozartkugel Konditorei Fürst**, denn Paul Fürst hat das köstliche runde Ding 1890 erfunden.

Edle Säfte

Salzburgs Landesgetränk ist das **Bier**. Schon vor 900 Jahren soll es im gesamten Alpenland den Durst gelöscht haben. Im Mittelalter besaß jeder Bürger das Recht, Bier zu brauen. Die ausgedehnten Hopfenfelder zu beiden Seiten der Salzach lieferten den Rohstoff. Bierbrauen als selbstständiges Gewerbe kam im 13. Jahrhundert auf, und die erste Brauerei Salzburgs wird 1374 erwähnt. Ein Jahrhundert später zählte man bereits sieben Brauereien in der Stadt. Ende des 17. Jahrhunderts gab es im Erzstift Salzburg nicht weniger als 95.

Eine Wohltat und zugleich ein Allheilmittel nach einem schweren Essen ist eine andere landestypische Spezialität: der **Vogelbeerschnaps**.

Preisklassen

Die Preise beziehen sich auf ein Menü mit Vor-, Haupt- und Nachspeise für eine Person (ohne Getränke und Trinkgeld).
★★★★ ab 32 €
★★★ 21–32 €
★★ 11–21 €
★ bis 11 €

B

Backhendel: junge Hühnerteile paniert und gebacken
Bauernschmaus: Geräuchertes mit Würstchen, Sauerkraut und Knödeln
Beinfleisch: gekochte Rinds-Zwerchried-Streifen
Beuschel: Lunge in pikanter Soße
Blunzen: Blutwurst (gefüllter Schweinsdarm)
Buchteln: gefüllte Rohrnudeln
Butterschnitzel: gehacktes Kalbfleisch, gebraten

E

Eierschwammerln: Pfifferlinge
Eierspeis: Rührei, Omelett
eingemachtes Kalbfleisch: Kalbsfrikassee mit Gemüse
Einmachsuppe: mit Mehl gedickte Suppe
Eintropfsuppe: Mehl-Eier-Einlage in heißer Bouillon
Erdapfel: Kartoffel

F

Faschiertes: Hackfleisch
Faschingskrapfen: gefüllte Berliner Pfannkuchen
Fiakergulasch: Gulasch mit Würstchen, Gurke und Spiegelei
Fisolen: grüne Schnittbohnen
Fleischknödel: Hascheeklöße
Frankfurter: Wiener Würstchen
Fritatten: in Streifen geschnittener Pfannkuchen

G

Gerstl: zerriebener Nudelteig, Suppeneinlage
Germknödel: Hefeteigklöße (mit Pflaumenmus gefüllt)
Golatschen: Plunderteiggebäck (meist mit Quark)
Grammeln: Grieben
Grenadiermarsch: Teigfleckchen und Kartoffel mit Fleisch
Grießschmarren: gerösteter Grießbrei
Gugelhupf: Napfkuchen

H

Häuptelsalat: Kopfsalat
Herrenpilz: Steinpilz
Heurige: Frühkartoffel

J

Jause: Zwischenmahlzeit, Vesper, Brotzeit
Jungfernbraten: zartes Schweinsfilet mit Kümmel

K

Kaiserfleisch: Kasseler Rippenspeer
Kaiserschmarren: zerkleinerter Pfannkuchen mit Rosinen
Kalbsvogerl: ausgelöste Kalbshaxe
Karfiol: Blumenkohl
Karree: Rippenstück
Kasnocken: Spätzle mit geriebenem Käse
Kipferl: Hörnchen (zum Frühstück)
Kletzenbrot: dunkles Brot mit getrockneten Birnen
Knacker (Knackwurst): Regensburger Wurst
Knödel: Klöße
Kohlsprossen: Rosenkohl
Krautfleckerl: kleine Teigfleckchen mit Weißkohl
Kren: Meerrettich
Kutteln: Blättermagen, Kaldaunen

L

Leberreis: reisartige Leberspätzle
Liptauer: Quark mit Paprika und Gewürzen
Lungenstrudel: Strudelteig mit Lungenhaschee

M

Marillen: Aprikosen
Markknödel: Klößchen mit Ochsenmark
Maroni: Edelkastanien
Matrosenfleisch: Rindfleisch mit Gurken, Sardellen
gebackene Mäuse: Hefeteigstücke in Fett gebacken
Mehlspeise: Süßspeise
Melange: Milchkaffee
Minestra: Gemüsesuppe

N

Netzbraten: Hackbraten im Schweinsnetz
Nockerl: Klößchen aus Eierteig

O

Obers: süße Sahne
Oberskren: Sahne-Meerrettich

P

Palatschinken: gefüllte dünne Pfannkuchen
Paradeiser: Tomaten
Pofesen: gefüllte Weißbrotscheiben, in Ei gewendet und gebacken
Polenta: Maisbrei
Polsterzipf: in Fett gebackene Teigstücke
Pomeranzen: Orangen
Porree: Lauch
Powidl: Pflaumenmus

R

Reibgerstel: geriebener Nudelteig, gekocht
Ribiseln: Johannisbeeren
Risipisi: Reis mit grünen Erbsen
Rote Rüben: Rote Bete
Russen: marinierte Heringe

S

Saft: Soße, Tunke
Salzburger Nockerl: Süßspeise aus Eiern, Zucker, Vanille und Butter
Salzstangerl: kleine Brotstangen mit Salz
Scheiterhaufen: Brötchen-Auflauf mit Äpfeln, Rosinen
Schinkenfleckerl: Nudelteig-Quadrate mit Schinken
Schlagobers: geschlagene süße Sahne
Schlickkrapfen: fleischgefüllte Nudelteig-Täschchen
Schlutzkrapfen: gekochter Mehlquark
Schopfbraten: Schweinsnacken
Schöpsernes: Hammelfleisch
Schwammerl: Pilze
Seidel: Hohlmaß von 0,3 Liter

Weltberühmt sind die Mozartkugeln der Konditorei Fürst.

Semmel: Brötchen
Semmelkren: warme Meerrettich-Soße
Serviettenknödel: im Tuch gekochte Knödelmasse
Staubzucker: Puderzucker
Stelze: Schweins- oder Kalbshaxe
Striezel: Brotzopf von Weizenmehl
Strudel: dünner Teig mit eingerolltem Obst oder Fleisch

T

Tafelspitz: gekochtes Tafelstück der Rindskeule
Topfen: Quark

V

Vogerlsalat: Feldsalat

W

Weichseln: Sauerkirschen
Weinbeerln: Rosinen

Z

Zuckerl: Bonbon

Schöne Städte und kleine Orte mit Vergangenheit inmitten einer abwechslungsreichen Gebirgslandschaft bieten Kultur- und Naturfreunden viel Spielraum für Unternehmungen.

Monumentale Kirchenbauten mit charakteristischen Kuppeln sowie die mächtige Festung Hohensalzburg prägen die Stadt der Erzbischöfe.

Kleinstädtischer Charme gepaart mit großzügigem Denken und eine allgegenwärtige Geschichte – das macht Salzburgs einmaligen Charakter aus.

Salzburg ■ C 2, S. 108–D 2, S. 109

144 000 Einwohner
Stadtplan → Klappe hinten

Salzburg hat eine stolze Vergangenheit. Eine Geschichte, in der die Erzbischöfe zugleich die weltlichen und geistlichen Herrscher waren, musste sich zwangsläufig im kulturellen Gepräge der Stadt an der Salzach niederschlagen. Heute noch bestimmen über 100 Kirchen, Schlösser und Paläste das prächtige Erscheinungsbild der Stadt. Irgendwie stand Salzburg immer auf der Sonnenseite der Geschichte. Das Salz war lange Jahre die Haupteinnahmequelle der Erzbischöfe. Salzburg verdankt dem weißen Gold seinen Namen und seinen Wohlstand, denn der Salzhandel war die Basis für die wirtschaftliche Entwicklung der Stadt.

Und auch Mozart wurde hier geboren, damals das Enfant terrible der Musikszene, der Vielschreiber unter den Komponisten. Allein der Name Mozart lässt viele Salzburger gut leben. Mozarts Namenszug prangt auf Skiern, grüßt von Büchern, Kalendern, T-Shirts und natürlich den Mozartkugeln, lässt Parfümflaschen attraktiv in den Regalen stehen und ... und ... und ... Der Komponist ist allgegenwärtig. Mozartstadt heißt Salzburg seinetwegen – und das nicht ungern.

Aber man nennt die Stadt an der Salzach auch »Festspielstadt«. Denn als Max Reinhardt zusammen mit einigen Kollegen Anfang des 20. Jahrhunderts die Salzburger Festspiele ins Leben rief, gab dies einen neuen Impuls, dessen Auswirkung auf das kulturelle Leben der Stadt noch heute voll wirksam ist. Prominenz, Schickeria und jedermann sonst ist gern dabei, wenn in Salzburg was los ist. Nicht nur, wenn zum wiederholten Mal seit 1920 das »Jeeederrrmaaann« über den Domplatz schallt.

Gegen Tradition, Brauchtum und Festspielrummel setzte eine kreative junge Szene ein Gegengewicht an zeitgenössischer Kunst. Die **Szene Salzburg** startete in den späten sechziger Jahren als **das** Alternativ-Festival – und sie hat sich heute abseits von Salzburg-Klischee und Mozartkugeln einen festen Platz eingeräumt, mit internationalem Renommee.

Hotels/andere Unterkünfte

Blaue Gans, Altstadthotel ■ c 4
Nur einen Katzensprung von den wichtigsten Sehenswürdigkeiten in der Altstadt entfernt.
Getreidegasse 41–43; Tel. 06 62/84 24 91-0, Fax 84 24 91-9; E-Mail: office@blaue-gans.at; 44 Zimmer ★★
AmEx DINERS EURO VISA

Chiemsee ■ e 4
Kleine Pension mitten im Zentrum Salzburgs.
Chiemseegasse 5; Tel. 06 62/84 42 08, Fax 84 42 08-70; 6 Zimmer ★★
EURO VISA

Goldener Hirsch M M ■ c 4
Im Herzen der Altstadt, nahe beim Festspielhaus gelegen. Hier verbindet sich der Charme der Vergangenheit mit modernstem Luxus.
Getreidegasse 37; Tel. 06 62/80 84-0, Fax 84 33 49; E-Mail: welcome@goldenerhirsch.com; 69 Zimmer ★★★★
AmEx DINERS EURO VISA

Hotel Sacher Salzburg »Österreichischer Hof« ■ c 3
→ MERIAN-Tipp S. 14

Junger Fuchs ■ e 2
Für die Besichtigung der Altstadt relativ zentral gelegene Pension am Fuß des Kapuzinerbergs (rechts der Salzach).
Linzer Gasse 54; Tel. 06 62/87 54 96; 15 Zimmer ★ keine Kreditkarten

Schloss Mönchsstein M M ■ a 2
Ein romantisches Schlosshotel mit einer Heiratskapelle und einem exklusiven Restaurant, dem **Paris Lodron**.
Mönchsberg Park 26; Tel. 06 62/84 85 55-0, Fax 84 85 59; E-Mail: salzburg@monchstein.at; 17 Zimmer ★★★★
AmEx DINERS EURO VISA

Überfuhr südöstlich ■ f 4
Behaglich-gediegen, am Salzach-Ufer. Die Innenstadt ist zu Fuß noch gut zu erreichen.
Ignaz-Rieder-Kai 43; Tel. 06 62/62 30 10, Fax 62 30 10-4; E-Mail: ueberfuhr-sbg@aon.at; 20 Zimmer ★★
AmEx DINERS EURO VISA

Weißes Kreuz ■ e 5
Zwischen Erzbischöflichem Palais und Kapitelbrunnen führt die Bierjodlgasse am Kapitelplatz zum Fuß der Festung Hohensalzburg. Hier, im Zentrum der Salzburger Altstadt, nur fünf Minuten vom Festspielhaus entfernt, liegt das Hotel-Restaurant Weißes Kreuz. Vom Hotelfenster aus ist der Dom zum Greifen nahe. Im Restaurant werden Balkanspezialitäten und Wiener Küche serviert. Gastgarten mit 25 Sitzplätzen.
Bierjodlgasse 6; Tel. 06 62/84 56 41, Fax 84 56 41-9; E-Mail: weisses.kreuz@salzburginfo.or.at; 4 Zimmer ★★
AmEx DINERS EURO VISA

Spaziergänge

Sie haben nur wenig Zeit, möchten aber das Wichtigste von Salzburg sehen? Dann folgen Sie diesem Vorschlag.

Vom **Mozartplatz** mit dem Mozartdenkmal geht es über den weitläufigen **Residenzplatz** zum **Domplatz**. Dort ist der beste Ausgangspunkt für eine Eroberung der **Festung**, und es sind nur wenige Schritte bis zur Standseilbahn. Der Rückweg führt dann über den romantischen **Petersfriedhof** zur Pacher Madonna in der **Franziskanerkirche**. Von dort vorbei an den **Festspielhäusern** und an der **Pferdeschwemme** aus dem 17. Jh. gelangen Sie in die **Getreidegasse**. Das Haus Nummer 9 ist die wichtigste Mozart-Gedenkstätte Salzburgs, sein Geburtshaus, in dem heute das **Mozart-Museum** untergebracht ist. Am Ende dieser belebten Gasse befindet sich der **Alte Markt** und in der Mitte dieses hübschen Platzes der Florianibrunnen.

Durch die Neustadt
Vom **Café Bazar** (Schwarzstr. 3) gehen Sie an der Salzach entlang Richtung Norden. Die Uferpromenade führt zum **Mirabellgarten**. Der Zwergerlgarten mit seinen skurrilen Gnomen, der immergrüne Irrgarten, das Heckentheater, das Barockmuseum und eine Galerie laden dazu ein, sich hier einige Zeit aufzuhalten. Der Marmorsaal im **Schloss Mirabell**, erreichbar über die barocke Engelstiege, zählt zu den schönsten Konzertsälen Europas.

Über den **Makartplatz** und die **Bergstraße** gelangen Sie in die **Linzer Gasse**, eine beliebte Einkaufsstraße, in der auch die **St.-Sebastians-Kirche** steht. Auf dem angrenzenden kleinen Friedhof liegen Mozarts Frau Constanze und sein Vater Leopold begraben. Hier befindet sich auch die letzte Ruhestätte des berühmten Heilkundigen Paracelsus und das **Wolf-Dietrich-Mausoleum**. Am entgegengesetzten Ende der Linzer Gasse führt der Weg in die schmale **Steingasse**.

Sehenswertes

Alter Markt ■ d 4
Ein beschaulicher Platz, gesäumt von Bürgerhäusern aus dem 17. Jh. Hier steht das kleinste Haus Salzburgs (Hausnummer 10 a). Hineingequetscht in einen Spalt zwischen zwei großen Häusern, bietet es sogar Platz für ein Geschäft.

! MERIAN-Tipp

Mit dem Fiaker durch die Altstadt Eine beschauliche Art, die Salzburger Altstadt zu sehen. Die Standardrouten der Pferdedroschken führen vom Residenzplatz über den Kapitelplatz, den Domplatz, das Festspielhaus, den Herbert-von-Karajan-Platz, die Münzgasse, die Griesgasse, den Fischmarkt, den Franz-Josef-Kai, den Mönchsberglift, die Pferdeschwemme, die Siegmund-Haffner-Gasse und den Alten Markt zurück zum Residenzplatz. Preis pro Gespann (4 Personen) für 20–25 Minuten ca. 30 €, für ca. 50 Minuten ca. 60 €; Tel. 06 62/84 47 72.

Sehenswert auf diesem Platz sind der Florianibrunnen und die fürsterzbischöfliche Hofapotheke, die ganz im Rokokostil eingerichtet ist.

Dom ■ d 4–5
Nachdem der mittelalterliche Dom 1598 abgebrannt war, begann man 1614 mit dem Neubau nach Plänen des Baumeisters Santino Solari, der hier frühbarocken Stil mit römischen Bauideen verband. Das Gotteshaus bietet Platz für 10 000 Menschen. 1628 fand die feierliche Einweihung statt. Die Türme wurden erst 1652 bis 1665 vollendet. 1959 musste das Gotteshaus nach Bombenschäden vollständig restauriert werden. So zeigt sich der Salzburger Dom heute: An der dreiachsigen strengen Fassade mit vorgelagerter Balustrade beeindrucken die auf hohen Sockeln stehenden Monumentalfiguren: Die Portalheiligen stellen Rupert, Virgil, Petrus und Paulus dar, im Mittelgeschoss sind die vier Evangelisten abgebildet, am Giebel Moses und Elias. Gekrönt wird die Fassade von der Giebelfigur des Heilands als Retter der Welt.

Beeindruckend sind auch die drei mächtigen Bronzeportale, die von links Glaube, Liebe, Hoffnung darstellen (1957/58). Nach dem Dunkel des Langhauses gelangt man in den hellen Saalraum. Die gigantische achteckige Vierungskuppel spendet das Licht. Hier vorne stehen auch die drei Hauptaltäre und die Grabmäler der Bauherren. In der Vierungskrypta, deren Eingang im südlichen Teil des Kuppelraumes liegt, befindet sich seit 1957 die Gruft für die Erzbischöfe. Der Eingang in das unterirdische Domgrabungsmuseum befindet sich unter dem nördlichen Dombogen am Residenzplatz. Bedeutende Beispiele deutscher Barockmalerei finden sich in den nördlichen und südlichen Seitenkapellen. Sehenswert ist auch das Bronzetauf-

Oben: Der heilige Rupert und der heilige Petrus begrüßen die Besucher des Salzburger Doms (→ S. 26).

Mitte: Im Mirabellgarten eröffnet sich ein freier Blick auf die Festung Hohensalzburg (→ S. 31).

Unten: Kaffeehaus mit Tradition – das Café Tomaselli in der Salzburger Altstadt (→ S. 35).

becken aus dem Jahre 1321, das auf Löwenfiguren aus dem 12. Jh. ruht – sie stammen aus der vorherigen romanischen Kirche. Die neue Hauptorgel von 1988, ein rein mechanisches Instrument, zählt zu den besten Orgeln Österreichs. Sie wurde von dem Schweizer Hansueli Metzler gebaut und verfügt über 58 Register. Der Orgelprospekt stammt noch aus der Zeit um 1700.

Domplatz ■ d 4–5

Hier wurde 1920 mit der ersten »Jedermann«-Aufführung der Grundstock zu den Salzburger Festspielen gelegt. Fasziniert von der Theatralik des Platzes, inszenierte Max Reinhardt dieses Stück vor den Eingangsarkaden des Doms. Im Zentrum des Platzes steht die Mariensäule von 1771.

Erzabtei St. Peter ■ d 5

Das Stift St. Peter bildet als Benediktiner-Erzabtei den historischen Kern des alten Salzburg. Die bestehende Anlage stammt vorwiegend aus dem 16. und 17. Jh. und umschließt drei Innenhöfe. In der Mitte des ersten Hofes steht der **St.-Rupertus-Brunnen**, ein alter Schöpfbrunnen aus dem 17. Jh., der 1927 wieder aufgebaut wurde. Durch ein Tor erreicht man dann den Haupthof mit dem **Petrusbrunnen** (1673), der ursprünglich als Fischbehälter diente. Der dritte Stiftshof befindet sich in der Nähe des Doms, er gehört zum Klausurbereich des Klosters und ist für Besucher nicht zugänglich.

Die Stiftskirche St. Peter stammt aus dem 12. Jh. Die ursprünglich romanische Basilika wurde zwischen 1605 und 1624 sowie zwischen 1760 und 1785 tiefgreifend verändert. Die Entwicklung vom Früh- bis zum Spätbarock und zum Rokoko ist hier dokumentiert. An Fassade und Portal finden sich noch romanische Details, Tür und Gitter des Portals sind dem Rokoko zuzuschreiben. Die Kuppel wurde 1622 errichtet und 1657 erhöht. Die spätbarocken Deckenfresken zeigen Szenen aus dem Leben des Kirchenpatrons und stammen, wie die meisten Wandbilder, von Franz Xaver König (1758). Die Malereien der 16 Marmor-Seitenaltäre wurden 1775 bis 1782 von Martin Johann Schmidt – genannt Kremser-Schmidt – geschaffen. Von ihm stammt auch das Hochaltarbild mit den Heiligen Petrus, Paulus und Benedikt vor Maria (1778).

Das »Felsengrab« des hl. Rupert befindet sich im rechten Seitenschiff. Gleich gegenüber liegt das klassizistische Epitaph für Johann Michael Haydn, der wie sein Bruder Joseph ein begnadeter Komponist war.

Mai–Sept. Di–Do 10.30–17, Fr–So 10.30–17 Uhr, Okt.–April Mi/Do 10.30–15.30, Fr/So 10.30–16 Uhr; Eintritt frei; Katakomben: 0,8 €, Kinder 0,6 €

Festspielhaus ■ c 4

Das Festspielgebäude gehörte einst zu den erzbischöflichen Pferdeställen. Die Winterreitschule wurde 1926 zu einem Mehrzweck-Festsaal umgebaut.

In den folgenden Jahren bis 1937 wurden die barocken Räume so umgestaltet, dass hier Opern, Schauspiele und Konzerte stattfinden konnten. Die Fassade des ehemaligen **Hofmarstalls**, die J. B. Fischer von Erlach (1694) schuf, ist noch zum größten Teil in der ursprünglichen Form erhalten. Der Platz für das riesige Bühnenhaus allerdings musste aus dem Fels gesprengt werden. Dazu wurden sage und schreibe 55 000 Kubikmeter Fels und Gestein abgetragen.

Das Foyer des Kleinen Festspielhauses schmücken Fresken von Anton Faistauer (1926), die während des Nationalsozialismus als entartete Kunst galten. Österreichische

Kunst auch im Zentralfoyer: Hier findet sich eine Orpheusstatue des zeitgenössischen österreichischen Bildhauers Alfred Hrdlicka sowie eine Gobelinbordüre nach Entwürfen von Oskar Kokoschka.

In der ehemaligen **Winterreitschule** mit dem rund 600 qm großen Deckenfresko von Johann Michael Rottmayr und Christoph Lederwasch (1690) tummelt sich während der Festspielpausen das bunt gemischte und erlauchte Publikum. Durch diesen Saal gelangt man in die ehemalige **Sommer-** oder **Felsenreitschule**, in der zur Zeit der Fürstbischöfe Tierhatzen und Turniere abgehalten wurden. Die dreigeschossigen Zuschauerarkaden, die in die steil aufragenden Wände des ehemaligen Steinbruchs am Mönchsberg eingegraben sind, bilden heute einen Teil der Kulisse für Freilichtaufführungen.

Festung Hohensalzburg d 5–e 6

8 Mittel-Europas größte vollständig erhaltene Burganlage ist das Wahrzeichen der Mozartstadt. Sie liegt 120 m hoch über der Salzach auf dem Festungsberg und bietet einen herrlichen Blick auf die Stadt und die angrenzende Bergwelt. Man erreicht die Festung mit der Standseilbahn oder zu Fuß in 20 Minuten, hat dabei immer wieder schöne Blicke auf die Anlage.

Bereits im Jahr 1077 entstand hier auf dem Festungsberg unter Erzbischof Gebhard (1060–1088) ein erstes Holzkastell, im 12. und 13. Jh. wurde dann die Befestigungsanlage errichtet. So wie sich die Festung heute zeigt, wurde sie größtenteils während der Amtszeit des Erzbischofs Leonhard von Keutschach (1495–1519) im 15. Jh. erbaut. Die letzten Bauherren, die ihre Spuren hinterließen, waren Erzbischof Paris Lodron (1619–1653) und Max Gandolf von Kuenburg (1668–1687). Von 1816 bis zum Zweiten Weltkrieg diente die Festung als Kaserne und zeitweise als Gefängnis. Heute wird sie teils als Museum, teils privat genutzt.

Auf den ersten Blick wirkt die verwinkelte riesige Anlage unübersichtlich. Wie eine kleine Stadt ist sie mit Kirche, Arbeitshaus, Wohntürmen, Speisehaus, Schulhaus und vielem mehr ausgerüstet. Der Zugang zum äußeren Burgring führt durch drei Tore, dem Scharten-Tor, dem Lodron-Bogen und dem Keutschach-Bogen.

Über eine Zugbrücke und durch das Bürgermeistertor erreicht man den Zwinger. Von hier geht es weiter über eine steile Treppe und durch die Höllenpforte oder geradewegs durch die Rosspforte in den äußeren Burghof. Die vergitterte Zisterne und eine über 350 Jahre alte knorrige Linde gliedern den ansonsten leeren Platz.

Im **Inneren Burghof** befindet sich der Hohe Stock, der Palas, den man nur während der Führung besichtigen kann. Im obersten Stock ist der **Salzburger Stier** installiert, eine Walzenorgel mit 200 zinnernen Pfeifen, die wechselnde Melodien spielen. Das älteste, noch spielbare mechanische Orgelwerk der Welt wird derzeit renoviert. Vorführung auf CD. Die **Fürstenzimmer** im dritten und vierten Stock des Gebäudes zählen zu den schönsten gotischen Profanräumen Mitteleuropas.

Sehenswert ist auch die **Goldene Stube**, deren Wände und Wappendecke mit gotischem Rankenwerk und Blattgold überzogen sind. Besonderes Schmuckstück: der Kachelofen aus dem Jahr 1501 mit Motiven aus der Heilsgeschichte, mit Heiligen und Wappenträgern. Weiteres Prunkstück ist der **Goldene Saal** mit seinen goldenen Kugeln an der blauen Holzdecke.

Besichtigung (Basteien, Wehrgänge, Innenhöfe):
15. März–14. Juni 9–18 Uhr, 15. Juni–14. Sept. 8.30–19 Uhr, 15. Sept.–14. März 9–17 Uhr
Rundgang (Innenräume):
15. März–14. Juni 9.30–17.30 Uhr, 15. Juni–14. Sept. 9–18 Uhr, 15. Sept.–14. März 9.30–17 Uhr; Eintritt 3,5 €, Kinder 2 €

Festungsbahn ■ d 5
In nur 70 Sekunden bringt die Standseilbahn (Abfahrt in der Festungsgasse) die Besucher hinauf zur Burg. Im Fahrpreis ist der Eintritt in die Burghöfe bereits enthalten.
Jan.–April und Okt.–Dez. tgl. 9–17 Uhr, Mai–Sept. tgl. 9–21 Uhr, im Nov. ca. 2 Wochen Revision; Berg- und Talfahrt 6,3 €, Kinder (bis 14 Jahre) 3,5 €

Franziskanerkirche ■ d 4
Sicherlich eine der ältesten Kirchen Salzburgs. Die Ursprünge gehen auf das 8. Jh. zurück. Der Bau erfuhr im Lauf der Jahrhunderte zahlreiche Veränderungen, wie z. B. die meisterhaften Neugestaltungen des Hochaltars von Michael Pacher und in seiner jetzigen Form von Johann Bernhard Fischer von Erlach.

Friedhof St. Peter ■ d 5
Seine Anfänge reichen bis ins spätrömische Juvavum zurück. Umgeben von Arkaden, die viele Epitaphe und kunstvoll geschmiedete Eisengitter enthalten, kann er als überaus mystisch gelten und diente schon als dramatische Kulisse legendärer »Faust«-Aufführungen.

Getreidegasse ■ cd 4
Das Herzstück von Österreichs schönstem Einkaufszentrum beeindruckt durch seine Ursprünglichkeit. Lange Zeit war diese Straße als Verlängerung der Judengasse der einzige durchgängige Straßenzug der Stadt. Viele reich verzierte Schilder, kunstvolle Portale, gepflegte Fassaden und idyllische Arkadenhöfe bilden den idealen Hintergrund für das pulsierende Geschäftsleben dieser Gasse. Jedes Schild für sich ist ein kleines Kunstwerk, und alle zusammen ergeben ein faszinierendes Bild. Berühmt sind aber auch die so genannten »Durchhäuser«: Die Getreidegasse besitzt auf der ganzen Länge keine Quergasse, und lange Zeit

waren diese Häuserdurchgänge der einzige Zugang zur Salzach und zum Universitätsplatz. Im Gegensatz zu den meist einfachen Fassaden sind die Innenhöfe mit ihren zierlichen Arkaden, den Laubengängen, den Portalen aus Untersberger Marmor, den teilweise engen Stiegenhäusern und detailreichem architektonischen Dekor eine wahre Augenweide. Das älteste dieser Häuser ist das Schatz-Durchhaus, das 1363 erstmals urkundlich erwähnt wird.

Kapuzinerberg ■ e 3–f 2
Schöne Aussichtspunkte mit wunderbaren Blicken über Salzburg. Von der Steingasse oder von der Linzer Gasse (vorbei an spätbarocken Kreuzwegstationen) führen Stufen hinauf zum Kapuzinerkloster (1599–1602). Die geschnitzten gotischen Eichentüren des alten romanischen Doms wurden hier als Kirchenportal verwendet. Schattige Wege führen zum Franziskischlösschen aus dem 17. Jh., das den Bewachern der Stadtmauer als Unterkunft diente. Auf 573 m liegt die Bayerische Aussicht, auf 608 m folgt die Stadt-Aussicht. Der Weg zum Gipfel des Kapuzinerberges (638 m) ist übrigens relativ wenig frequentiert.

Mirabellgarten ■ c 2
Nicht nur das Schloss Mirabell mit dem vielleicht schönsten Trauungssaal der Welt vermag zu bezaubern, auch dessen Garten, der unter Fürsterzbischof Johann Ernst Graf Thun durch Fischer von Erlach um 1690 gestaltet wurde, durch Franz Anton Danreiter aber erhebliche Veränderungen erfuhr (1730): Brunnen und Fontänen, Skulpturengruppen, der skurrile Zwerglgarten, herrliche Blumenarrangements, der Irrgarten und das Heckentheater lassen jedes Besucherherz höher schlagen. Ein faszinierendes Zusammenspiel.

Mozarteum ■ c 2
Die Internationale Stiftung Mozarteum mit zwei Konzertsälen und dem Mozart-Archiv hat in diesem Jugendstilbau ihre Heimat gefunden.
Universität Mozarteum, Alpenstr. 48; Tel. 06 62/61 98-0

Mozartplatz ■ e 4
Im Zentrum Salzburgs gelegen, erhält dieser Platz besondere Bedeutung durch das mächtige bronzene Mozartdenkmal, geschaffen von Ludwig von Schwanthaler und 1842 hier aufgestellt.

Mozarts Geburtshaus ■ c 4
Das Geburtshaus aller Geburtshäuser in der Festspielstadt – hier wurde im Jahr 1756 Mozart geboren – befindet sich in der Getreidegasse und beherbergt im 3. Stock, in der ehemaligen Wohnung der Familie Mozart, das Mozart-Museum.
Getreidegasse 9; Sept.–Juni tgl. 9–18 Uhr, Juli–Aug. tgl. 9–19 Uhr; Eintritt 5 €, Kinder 1,6 €, Kombikarte für Geburtshaus und Wohnhaus 8 €, Kinder 2 €

Mozarts Wohnhaus ■ d 3
Frisch renoviert und umgebaut präsentiert sich Mozarts Wohnhaus. Einige Ausstellungsstücke, die in seinem Geburtshaus den Besucherströmen im Weg standen, haben hier einen neuen Platz gefunden. Mozart soll in diesem Haus zwischen 1773 und 1780 viele Stücke komponiert haben.
Makartplatz 8; tgl. 9–18 Uhr, Juli–Aug. 9–19 Uhr; Eintritt 4,7 €, Kinder 1,8 €

Pferdeschwemme ■ bc 4
Die Pferdeschwemme wurde 1695 nach Plänen von J. B. Fischer von Erlach erbaut. Man führte die Pferde durch das Wasserbecken und kühlte ihre Fesseln. Beachtenswert ist die Rossbändigergruppe aus Marmor und die dahinter liegende Giebelwand mit Pferdefresken.

Residenz ■ d 4

Zwischen 1600 und 1619 erhielt der ursprünglich aus dem Jahr 1120 stammende Bau seine heutige Gestalt und wurde 1660 um ein Stockwerk erhöht. Bis ins Jahr 1803 residierten hier die Salzburger Fürstbischöfe. Die Bautrakte gruppieren sich um drei Innenhöfe und wirken als Kontrast zu der eher schlicht gehaltenen Fassade am Residenzplatz. Durch das verhältnismäßig kleine Marmorportal mit den Wappen der Erzbischöfe Wolf Dietrich von Raitenau, Paris Lodron und Franz Anton Harrach gelangt man in den Haupthof mit Arkaden und dem Herkulesbrunnen.

Die Besichtigung der Prunkräume in der zweiten Etage führt zuerst in den Carabinierisaal. Der sich anschließende **Rittersaal** ist sozusagen der Vorraum zu den landesfürstlichen Räumen mit Konferenzzimmer, Antecamera, Audienzsaal und den Privatgemächern. Die Beletage beherbergt außerdem den **Thronsaal,** den **Weißen Saal** – auch Markus-Sittikus-Saal genannt – und den **Kaisersaal**. Sehenswert ist die »Schöne Galerie« nach einem Entwurf von Johann Lukas von Hildebrandt von 1710. Das Deckenfresko von Johann Michael Rottmayr (1711) zeigt Allegorien der Künste und der Wissenschaften. In der nächsten Etage befindet sich seit 1955 die Residenzgalerie (→ S. 35).

Residenzplatz 1; Rundgang mit Audio-Guides tgl. 10–17 Uhr; bei Veranstaltungen keine Besichtigungsmöglichkeit; Eintritt Prunkräume und Galerie 7 €, Kinder 2,5 €

Residenzplatz ■ d 4

Der Residenzplatz ist sozusagen Mittelpunkt der Altstadt. Der barocke Residenzbrunnen aus Untersberger Marmor ist beliebter Treffpunkt und natürlich Fotomotiv. Darüber hinaus erfreuen sich die zahlreichen Besucher am weltberühmten **Salzburger Glockenspiel,** das täglich um 7, 11 und 18 Uhr vom Turm des Residenz-Neugebäudes erklingt. Das aus Antwerpen stammende Glockenspiel wurde 1702 eingerichtet. Und natürlich sind es Mozartmelodien, die die 35 Glocken – im monatlichen Wechsel – erklingen lassen. Auf das Glockenspiel antwortet der **Salzburger Stier**, das akustische Wahrzeichen der Stadt. Derzeit wird der »Stier« renoviert.

Schloss Mirabell ■ c 1–2

Die Geliebte eines Erzbischofs gewesen zu sein, das hatte schon etwas für sich: 1606 ließ Erzbischof Wolf Dietrich das Schloss als Landsitz für seine Gefährtin Salome Alt errichten. Mit ihr hatte der geistliche Würdenträger 15 Kinder! Der ehemalige Landsitz »Altenau« wurde 1818 nach dem Stadtbrand in schlichterer Form wieder aufgebaut. Heute beherbergt er die Stadtverwaltung und -bibliothek. Sehenswert ist der reich verzierte Marmorsaal im 1. Stock. Früher diente er als Speisesaal, heute finden hier Konzerte und Hochzeitsfeiern statt.

Mirabellplatz; Mo, Mi, Do 8–16, Di und Fr 13–16 Uhr; Eintritt frei

St. Sebastian ■ e 2

St. Sebastian wurde Anfang des 16. Jh. erbaut und bereits 1749 bis 1753 im Stil des Rokoko umgestaltet. Sehenswert ist das Rokokoportal.

Die Putten Georg Raphael Donners im Treppenhaus von Schloss Mirabell.

St.-Sebastians-Friedhof ■ e 2
Der St.-Sebastians-Friedhof wurde 1595 bis 1600 unter Erzbischof Wolf Dietrich von Raitenau nach dem Vorbild eines italienischen Campo Santo angelegt. Im Mittelpunkt des Friedhofs steht die Gabrielskapelle als Mausoleum Wolf Dietrichs (gestorben 1617).

Die Ausstattung mit bunt glasierten Keramikfliesen – vermutlich in Anlehnung an iberische Vorbilder – erfolgte wohl auf persönlichen Wunsch des Erzbischofs. In den Wandnischen stehen die Figuren der vier Evangelisten.

Am Wege zur Kapelle ruhen Mozarts Vater Leopold (1719–1787), Mozarts Frau Constanze (1762–1842) sowie Genoveva von Weber, die Mutter des Komponisten Carl Maria von Weber und Tante von Constanze Mozart. Auch der Arzt und Naturphilosoph Paracelsus (1493–1541) fand hier seine letzte Ruhestätte.

Stift Nonnberg ■ f 5
Um 700 vom hl. Rupert gegründet: Seine Nichte Erentrudis war erste Äbtissin des Benediktinerinnenklosters. Stift Nonnberg ist das älteste ununterbrochen bestehende Frauenkloster im deutschen Sprachraum. Die Stiftskirche, deren Bau im Jahr 1506/1507 vollendet war, ist eine spätgotische Basilika mit stimmungsvoller Krypta (18 Säulen).

Sehenswert sind das Netzrippengewölbe und das Felsengrab der Erentrudis in der Krypta, die hochromanischen Fresken (etwa 1150) unter dem Nonnenchor und der wertvolle geschnitzte gotische Flügelaltar (1515).

Universitätskirche ■ c 4
Dieses Meisterwerk von J. B. Fischer von Erlach gehört zu den bedeutendsten Sakralbauten Europas und stellt gleichzeitig eine Synthese der großen Architektursysteme dar. 1696 begann man mit dem Bau, 1707 wurde die Kirche eingeweiht.

Zauberflötenhäuschen ■ c 2
In diesem kleinen Holzpavillon komponierte Wolfgang Amadeus Mozart 1791 die »Zauberflöte«. Als Mozart darin arbeitete, stand dieses Gartenhaus in Wien. 1873 wurde es nach Salzburg gebracht, und nach mehreren Standortwechseln innerhalb der Stadt kam es 1950 in den Bastionsgarten hinter dem Mozarteum. Emanuel Schikaneder hatte das Haus Carolino Augusteum Mozart zur Verfügung gestellt.
Schwarzstr. 26

Museen und Galerien

Domgrabungsmuseum ■ d 4
Hier sind Ausgrabungen des mittelalterlichen Domes zu sehen.
Residenzplatz; 1. Mai–30. Sept. Mi–So 9–17 Uhr; Eintritt 1,8 €, Kinder 0,7 €

Dommuseum zu Salzburg ■ d 4–5
Das Dommuseum beherbergt den Domschatz sowie Kunstwerke aus der Erzdiözese Salzburg vom Mittelalter bis zum 19. Jh. Einige Stücke des Domschatzes erinnern an den Salzburger Patron, den hl. Rupert, z. B. das Rupertuskreuz aus dem 8. Jh. oder der Rupertuskelch. In der so genannten **Langen Galerie** ist die fürsterzbischöfliche Kunst- und Wunderkammer eingerichtet, die Kurioses aus dem 17. und 18. Jh. präsentiert.
18. Mai–28. Okt. Mo–Sa 10–17, So und Feiertag 13–18 Uhr; Eintritt 4,3 €, Kinder 1,4 €

Galerie 5020 ■ cd 4
Junge Kunst aus Salzburg und internationale Avantgarde.
Sigmund-Haffner-Gasse 12/1; Di–Fr 14–18, Sa 10–13 Uhr; Eintritt frei

Haus der Natur b 3
→ S. 75

Mozart Ton- und Filmmuseum d3
In Mozarts Wohnhaus (→ S. 32) ist ein Ton- und Filmmuseum untergebracht, dem ein Archiv für Werkinterpretation und für Dokumentar- und Spielfilme angeschlossen ist.
Makartplatz 8; Mo, Di und Fr 9–13, Mi, Do 13–17 Uhr; Eintritt frei

Museum im Bürgerspital b 4
Auf drei Etagen zeigen viele tausend Exponate, womit kleine und große Kinder in den letzten 300 Jahren spielten. Holzspielzeug, Puppen, Puppenstuben, Eisenbahnen und Papierspielzeug sind hier ebenso zu sehen wie optische und physikalische Spielsachen, Zinnfiguren, Spielzeug aus Übersee und vieles mehr.

Die Kunstgewerbe- und Musikinstrumentensammlung im Bürgerspital präsentiert nicht nur Werke von höchster Kunstfertigkeit und langer handwerklicher Tradition, sie ist auch Spiegelbild gehobener Lebenshaltung vergangener Zeiten.
Bürgerspitalgasse 2; tgl. 9–17 Uhr; Eintritt 2,5 €, Kinder 0,7 €

Residenzgalerie d 4
Herausragender Glanzpunkt der Gemäldegalerie des Landes Salzburg ist die niederländische Malerei. Vertreten sind außerdem italienische, französische und österreichische Meister des 19. Jh.
Residenzplatz 1; tgl. 10–17 Uhr, Okt.–März Mi geschl.; Eintritt 3,6 €, Kinder 1 €

Essen und Trinken

Augustiner Bräu, Müllner Bräustübl a 1
Hier wird im Haus gebrautes Bier direkt aus Holzfässern in steinerne Krüge gezapft. Die Brotzeit wird hier zur Jause, die Zutaten holt man selbst an den neun **Standln** im **Standlgang**. Diese Verkaufsstände offerieren alles, was man braucht: Radi (Rettich), Bierweckerl (Brötchen), heißen Leberkäs, Wurst und Käse, zum Beispiel vom Mondsee. Selbstbedienung.
Augustinergasse 4, Kloster Mülln; Mo–Fr 15–23, Sa, So und Feiertag 14.30–23 Uhr ★★

Café Glockenspiel M e 4
Eine reichliche Kaffeeauswahl nach Art der Wiener Kaffeehäuser und eine Vielzahl an österreichischen und ausländischen Zeitungen findet man im Café Glockenspiel. Bei schönem Wetter lohnt der Besuch im Garten (ab 20 Uhr Livemusik) oder ein Besuch der Bar auf der Dachterrasse (geöffnet Juni–Aug.).
Mozartplatz 2; Tel. 06 62/84 14 03-0; tgl. 9–22 Uhr, zur Festspielzeit bis Mitternacht

Café Tomaselli d 4
Die Kaffeehauslegende in Salzburg. Seit 1705 gibt es dieses Café auf zwei Etagen. Spezialität: Auswahl an 45 Mehlspeisen. Das Tomaselli bietet Platz für 310 Gäste, an warmen Tagen können 300 weitere Gäste im Garten ihre Melange oder den Großen Braunen ordern. 6
Alter Markt 9; tgl. 7–21 Uhr; Tel. 06 62/84 44 88-0, Fax 84 44 88 13

K + K Restaurant am Waagplatz d 4
Das stilvolle Restaurant ist in einem denkmalgeschützten Haus untergebracht, direkt neben dem Dom. Es ist seit Jahren ein beliebter kulinarischer Treffpunkt.
Waagplatz 2; Tel. 06 62/84 21 56, Fax 84 21 56 33; tgl. 11–23 Uhr ★★

Schmaustheater M M d 4
Mitten in Salzburg, in den Gewölben unter dem K+K-Restaurant, würzen Gaukler und Bänkelsänger mit Scha-

bernack und Moritaten ein uriges mittelalterliches Essvergnügen.
Waagplatz 2; Tel. 06 62/84 21 56; Reservierung erforderlich; das Spektakel findet ab einer Besucherzahl von 20 Personen statt; 43 € pro Person

Einkaufen

Blumen Doll südlich ■ e 6
Die Fahrt ins Nonntal zum Sitz des Blumenladens Doll lohnt sich. Ein Vergnügen, durch den riesigen Laden zu spazieren: Brücken, kleine Bäche, ein Wasserfall. Besonderheit: Fast alle Blumen, die hier zu köstlichen Gebinden arrangiert werden, sind hier gezüchtet. Auch Karajan kaufte bei Doll seine Salzburger Blumengrüße!
Nonntaler Hauptstr. 79

Lanz M ■ d 3
Wer gern exklusiv einkauft oder maßgeschneiderten Trachtenlook liebt, der ist hier genau richtig. Seit 70 Jahren gibt die Familie Lanz beim Trachtenschick den Ton an. Man hat Dirndl, Joppen und Janker gesellschaftsfähig gemacht.
Schwarzstr. 4

Mozarts Geburtshaus ■ c 4
CDs und andere Tonträger mit Werken von Wolfgang Amadeus Mozart, die mit originalen Mozartinstrumenten aufgenommen worden sind, herausgegeben von der Internationalen Stiftung Mozarteum, werden hier verkauft.
Getreidegasse 9

Stasny Trachten ■ c 4
Wenn's was ganz Besonderes sein soll: Bei Stasny gibt's erlesene Trachten für Damen und Herren, auch nach Maß.
Getreidegasse 35

! MERIAN-Tipp

Imbiss am Würstelstand Wenn der Salzburger Lust auf »finger food« verspürt, dann lässt er die amerikanischen Fastfood-Ketten, die es auch in der Mozartstadt zuhauf gibt, gerne links liegen. Der Kenner geht zum Würstelstand. Eine **Heiße mit Senf** ist fast schon Ritual, wenn der kleine Appetit gestillt werden muss. Bevorzugt am Abend und in der Nacht haben die Buden Konjunktur, wenn eine **Bosna**, eine **Frankfurter mit Pfefferoni** oder die **Münchner süß** über den Tresen wandern. Diese mobilen Imbissstationen sind am Wochenende bis weit nach Mitternacht in Betrieb, zum Beispiel am Alten Markt.

Am Abend

Casino Salzburg ■ c 2
Roulette, Baccara, Black Jack, Seven Eleven, Glücksrad, Poker und Spielautomaten stehen täglich ab 15 Uhr im Schloss Klessheim allen zur Verfügung, die volljährig sind. Im Casino-Restaurant/Bar gibt es »Dinner & Casino« als Vorzugspaket.

Mit dem Auto auf der A 1, Abfahrt Klessheim (gut beschildert), oder mit dem Gratis-Shuttle stündlich 14.30–24 Uhr ab Mönchsberglift und Mirabellplatz.
Schloss Klessheim, 5071 Wals Siezenheim; Tel. 06 62/8 54 45 50; tgl. ab 15 Uhr

Felsenkeller M ■ c 5
Das stilvoll-urige Weinlokal wurde direkt in den Fels des Mönchsbergs gegraben. Gute Stimmung. Tipp: bei einem Viertel Grüner Veltiner zu Livemusik (Mi und Sa) die mitgebrachten Köstlichkeiten essen, die am Markt in Hülle und Fülle zu haben sind.

Toscaninihof (bei den Möchsberggaragen); Tel. 06 62/84 31 76; So–Fr 15.30–24, Sa 10–24 Uhr

Flip ■ b 3
Night-Treff der Tanzmuffel. 80 verschiedene Cocktails stehen auf der Karte. Im Sommer stehen einige Tische auch im Freien.
Gstättengasse 17; Tel. 06 62/84 36 43; tgl. 17–4 Uhr

Rockhouse Salzburg nordöstlich ■ f 1
Riff ist Bar und Musikcafé im Rockhouse. Allein das Ambiente ist sehenswert, denn man trifft sich im über 400 Jahre alten Gewölbe. Das bewahrt die Anwohner vor dem Lärm von Hardcore, Ethno-Jazz, Heavy-Metal und Gospelkonzerten. Auch Kleinkunst und Workshops werden veranstaltet.
Schallmoser Hauptstr. 46; Tel. 06 62/88 49 14; Mo–Sa 18–3 Uhr

Salzburger Altstadtkeller ■ d 4
Das Musikwirtshaus in einem historischen Gewölbekeller bietet nicht nur jeden Donnerstag einen Volksmusikantenstammtisch, sondern auch tägliche Livemusik. Österreichische Küche.
Rudolfskai 26; Tel. 06 62/84 96 88; Di–Sa 18–3 Uhr

Saitensprung ■ e 3
Bis 2 Uhr morgens kann man in dem Schickeria-Tempel die Küche testen. Dazu konsumiert man nur edelste Rebensäfte, hauptsächlich in Form von Champagner.
Steingasse 11; Tel. 06 62/88 13 77; tgl. 21–4 Uhr

Schwarze Katz ■ e 1
Hier kann man, wenn alle anderen Lokale schließen, den Abend ausklingen lassen oder, andersherum, den Morgen auf sich zukommen lassen, vorausgesetzt, man verfügt über einen gewissen Entdeckungsgeist und liebt den Nervenkitzel, denn hier trifft sich das ganze Spektrum von Nachtschwärmern.
Auerspergstr. 45; Tel. 06 62/87 54 05; Di–So 4–12 Uhr

Sternbräu Salzburg M ■ c 3–4
Alles unter einem Dach: 13 Gasträume, mit Platz für 1700 Leute, dazu von Mai bis Ende Oktober täglich ein »Concerto Culinario«, ein festliches Menü nach Originalrezepten aus der Mozartzeit und mit Musikern in historischen Kostümen.
Griesgasse 23/Getreidegasse 34; Tel. 06 62/84 21 40; tgl. 9–23 Uhr

Urban Keller M nordöstlich ■ f 1
Ein Kellererlebnis ganz besonderer Art. Neben einer originellen Stube gehören ein Jazzkeller und ein kleines Theater zur Ausstattung. Jeden

! MERIAN-Tipp

Best for Ladies Das »Best for Ladies«-Siegel wird Hotels und Restaurants verliehen, wenn sie bestimmte Merkmale aufweisen: Sicherheitsvorkehrungen in den Hotelgaragen, Komfortvorgaben in den Hotel- und Badezimmern, entgegenkommender Restaurantservice und spezielle Angebote für Mütter mit Kindern. Weiter gehören Musikprogramme, Museumsrundgänge, Stadtführungen zum Thema »Frauen in Salzburg«, Literaturveranstaltungen, Besuche bei Handwerkern dazu. Auskunft erteilt Best for Ladies, Wilhelm-Kress-Str. 19, A-5020 Salzburg; Tel. 06 62/3 83 27 00, Fax 4 38 70 94; E-Mail: info@best-for-ladies.at
westlich ■ a 1

Freitag Jazz. Besonderheiten: vegetarische Küche.
Schallmoser Hauptstr. 50;
Tel. 06 62/87 08 94; Mo–Sa 18–23 Uhr, an Feiertagen geschl.

Theater

Salzburg hat – neben den Festspielen – ein reiches Theaterleben. Die aktuellen Spielpläne für die Saison erhalten Sie über die Theater (Kartenvorverkauf → Das Salzburger Land von A–Z S. 101).

Elisabethbühne ■ f 6
Klassisches und Modernes.
Erzabt-Klotz-Str. 22; Tel. 06 62/80 85 85;
Spielzeit Sept.–Juni

Kleines Theater nordöstlich ■ f 1
Schauspiel und Kabarett.
Schallmoser Hauptstr. 50;
Tel. 06 62/8 72 15 40;
Spielzeit Sept.–Juli

Landestheater Salzburg und Kammerspiele ■ c 2
Oper, Ballett, Schauspiel, Musicals und Jugendtheater.
Schwarzstr. 22; Tel. 06 62/87 15 12 21;
Spielzeit Mitte Sept.–Mitte Juni

Salzburger Marionettentheater ■ c 2
Kein Puppentheater im üblichen Sinn. Gezeigt wird das Repertoire eines großen Opernhauses zu Aufnahmen der weltweit führenden Orchester und Sänger.
Schwarzstr. 24; Tel. 62/87 24 06;
Spielzeit Mai–Sept., während der Mozartwoche sowie an Ostern und Weihnachten

Szene Salzburg ■ b 3
Tanztheater, Neue Medien, Rock, Jazz, Liedermacher.
Anton-Neumayr-Platz 2; Tel. 06 62/84 34 48;
Spielzeit Juli (Festival, Sommerszene), sonst ohne feste Spielzeit

Service

Auskunft

Salzburg-Information ■ b 1
Auerspergstr. 7, 5020 Salzburg;
Tel. 06 62/88 98 7-0, Fax 88 98 7-32;
Mo–Do 7.30–17, Fr 7.30–15 Uhr

Ziele in der Umgebung

Schloss Hellbrunn

■ D 3, S. 109

Das von Fürsterzbischof Markus Sittikus erdachte Schloss Hellbrunn mit seinem herrlichen Park wurde Anfang des 17. Jh. von Hofbaumeister Santino Solari geplant und erbaut. Seine einzigartige Pracht erregte auch im Ausland Aufsehen. Die weitläufigen Parkanlagen, viele kulturelle Ereignisse und die Wasserspiele machen Hellbrunn zu einem unvergesslichen Erlebnis.
April tgl. 9–16.30 Uhr, Mai–Sept. 9–17.30, Okt. 9–16.30 Uhr; Abendführungen Juli und Aug. stündl. von 18–22 Uhr; Führungsdauer Wasserspiele 30–40 Min., Schloss 15–20 Min.; Eintritt (Kombikarte) 7,2 €, Kinder 3,9 €; Park und Orangerie frei

Schloss Klessheim

■ C 2, S. 108

Ein erzbischöfliches Lustschloss war Schloss Klessheim am Westrand der Stadt Salzburg. Johann Bernhard Fischer von Erlach erbaute das Schloss für Erzbischof Johann Ernst Graf Thun zwischen 1700 und 1709, endgültig fertig gestellt wurde es 1732. Es ist daher nur von außen zu besichtigen. Wer dennoch einen Blick von der Pracht der Innenräume erhaschen möchte, muss das Casino Salzburg besuchen, das im Schloss untergebracht ist.

Tiergarten Hellbrunn

D 3, S. 109

Hier werden die Tiere weitgehend in naturbelassenen Gehegen und weitläufigen Anlagen gehalten. Ursprünglich diente der Tiergarten als Hirschgarten, der bereits 1424 erwähnt wird. 1961 wurde der Hirschpark auf Privatinitiative ausgebaut. Sehenswert sind die frei fliegenden Gänsegeier, die lediglich zur Fütterung im Zoogelände einfliegen, das Tropenhaus, der Afrikabereich mit dem Vogelpark und die großzügig angelegten Großkatzen-Freianlagen. Spaß für den Nachwuchs bietet der Streichelzoo.

Tel. 06 62/82 01 76; Nov.–Feb. tgl. 8.30–16 Uhr, März/April tgl. 8.30–16.30, ab Sommerzeit bis 17.30 Uhr, Mai–Mitte Sept. 8.30–18.30, Mitte Juni–Mitte Sept. 8.30–21.30, Mitte–Ende Sept. tgl. 8.30–17, Okt. tgl. 8.30–17, ab Winterzeit bis 16 Uhr; Eintritt 6 €, Kinder 3 €

Untersberg

C 3, S. 108

Der gewaltige Bergklotz des Untersbergs (1805 m) im Südwesten der Stadt Salzburg hat die Fantasie der Menschen angeregt und zur Bildung zahlreicher Legenden geführt. So ist Kaiser Karl der Große der Sage nach niemals gestorben, sondern mit seinen Getreuen tief im Inneren des Untersberges eingeschlafen. Aufwachen und den Aufrechten zu Hilfe eilen werden sie erst dann, wenn »des Reiches Not am höchsten gewachsen« und die Raben nicht mehr um den Gipfel fliegen.

Um die Mitte des letzten Jahrhunderts wurde der Untersberg touristisch erschlossen und ist seither an sonnigen Wochenenden viel begangener Hausberg der Salzburger. Von St. Leonhard aus schwebt die Bahn in knapp zehnminütiger Fahrt über das Rosittental hinauf zum Geiereck. Genießen sollte man vor allem das großartige Panorama, das von den Salzkammergutseen bis zum ewigen Eis der Hohen Tauern reicht. Aber auch jede Menge Wanderungen, Spaziergänge und Abenteuertouren kann man von hier aus unternehmen. Von der Bergstation geht es in südlicher Richtung über den 1856 m hohen Salzburger Hochthron zum 1973 m hohen Berchtesgadener Hochthron.

Ausgangspunkt St. Leonhard; Auskünfte unter Tel. 0 62 46/7 24 77; die Seilbahn verkehrt halbstündlich Juli–Sept. 8.30–17.30 Uhr, März–Juni und Okt. 9–17 Uhr, 20. Dez.–Feb. 10–16 Uhr, Nov. kein Betrieb, im April 14 Tage Revision; Berg- und Talfahrt 16,3 €, Kinder 8,3 €

Wasserschloss Anif

D 3, S. 109

Das romantische Wasserschloss aus dem 16. Jh. ist in Privatbesitz und daher nicht zugänglich. Von 1693 bis 1814 gehörte es den Fürstbischöfen von Chiemsee und wurde 1838 bis 1848 unter Alois Graf Arco-Stepperg im Stil der Neugotik umgebaut. König Ludwig III. von Bayern fand hier Unterschlupf und erklärte am 13. Nov. 1918 seine Abdankung. Der englische Park ist ab und zu für Besucher geöffnet: zur Fronleichnamsprozession und zum Turmblasen im Advent. Ansonsten ist Anif ein Ort mit ländlichem Charakter, mit Salzburg u. a. durch die für Autos gesperrte Hellbrunner Allee verbunden. 6 km lang ist der Weg vom Stadtzentrum zum Schloss, ideal für einen ausgedehnten Spaziergang. Den besten Blick auf das Wasserschloss hat man übrigens von der Zufahrt, die beim Schlosswirt abgeht.

Service

Auskunft

Verkehrsverein Anif
5081 Anif; Tel. 0 62 46/7 23 65;
E-Mail: tourist@info-anif.co.at

Von Salzburg Richtung Norden

und dann geradeaus erstreckt sich das liebliche Alpenvorland mit seiner Seenlandschaft, das seit jeher Literaten entzückt.

»Nah der Stadt und doch am Land«. Mit diesem Slogan wirbt der Flachgau für sich und zieht damit auch tatsächlich einen Großteil seiner Besucher an. Denn diese Region bietet den Komfort und die Stille einer ländlichen Idylle sowie die Nähe zu Salzburg. Die Mozartstadt ist vom Flachgau aus wirklich schnell zu erreichen. Egal, ob mit dem Auto oder mit öffentlichen Verkehrsmitteln. Die Idylle dieses lieblichen Alpenvorlandes mit seinen zahlreichen Seen – Wallersee, Mattsee, Obertrumer See, Grabensee, Fuschlsee und ein Stück vom Wolfgangsee –, die Pforte zum Salzkammergut, wussten schon viele zu schätzen. Besonders angetan war Carl Zuckmayer von diesem Fleckchen Erde. »Wenn man mich damals gefragt hätte, wo das Paradies gelegen sei, so hätte ich ohne Zögern geantwortet: in Österreich, 16 Kilometer östlich von Salzburg an der Reichsstraße, dicht beim Wallersee.« Zwölf Jahre lang lebte der Schriftsteller am Wallersee in seinem Paradies.

Weltweit zu Ruhm gekommen sind auch noch zwei andere Orte im Flachgau. Der eine ist Oberndorf an der Salzach, Grenzstadt zur Bundesrepublik Deutschland. In der Oberndorfer Pfarrkirche St. Nikola wurde anno 1818 am 24. Dezember erstmals das Weihnachtslied »Stille Nacht, heilige Nacht« gesungen, das seitdem um die ganze Welt geht. Der Hilfspfarrer Joseph Mohr hatte den Text gedichtet und bat seinen Freund, den Organisten und Lehrer Franz Xaver Gruber aus dem benachbarten Arnsdorf, um eine passende Melodie dazu. An diesen denkwürdigen Weihnachtstag erinnert in Altoberndorf heute nicht nur die Stille-Nacht-Gedächtniskapelle. Der andere Ort, der in die Geschichtsbücher eingegangen ist, ist Fuschl am See mit dem gleichnamigen Jagdschloss. Dieser schrieb nicht nur als Drehort der »Sissi«-Filme Filmgeschichte, sondern auch Zeitgeschichte. Hier nahm nämlich die Romanze der jungen Elisabeth aus Bayern mit Kaiser Franz Joseph I. ihren Anfang, die sie 1854 im Alter von 16 Jahren zur Kaiserin von Österreich werden ließ. 1958 erwarben der »Salzbaron« Konsul Vogel und seine Frau Winnie Markus das Schloss Fuschl und machten daraus ein Luxushotel.

Die Kaiserbuche auf dem Haunsberg erinnert an den Besuch von Kaiser Josef II. (→ S. 44)

Fuschl am See ■ F 2, S. 109

Der malerische Ort am Fuschlsee, der sich seinen Dorfcharakter bewahrt hat, zählt zu den beliebtesten Sommerbadeorten des Salzburger Landes. Dementsprechend ist er auch auf Gäste der unterschiedlichsten Couleur eingestellt: Vom Fünf-Sterne-Hotel bis zu Ferien auf dem Bauernhof ist alles geboten. Auch der Weg vom Gourmettempel zur urigen Gaststube ist in Fuschl am See nicht weit – und noch einfacher zu finden, seitdem es den **Feinschmeckerpass** als Wegweiser gibt. Die meisten Urlauber zieht es jedoch zum Wandern in den Ort, wenngleich es auch andere attraktive Freizeitangebote gibt wie Klettern, Baden im Strandbad, Sport und Freizeitspaß im Red Bull Sport Club, Inline-Skating, Fischen oder eine Rutschpartie auf der Sommerrodelbahn.

Hotels/andere Unterkünfte

Hotel Schloss Fuschl M M
■ E 2, S. 109
Die Gästeliste ist illuster. Sie reicht von Rainer Fürst von Monaco über Richard Nixon und Gabriela Sabatini bis hin zu Nikita Chruschtschow und Billy Wilder. Das Jagdschloss Fuschl

ist auf einer Halbinsel im Fuschlsee gelegen und von einem 34 ha großen Privatpark umgeben. 1450 vom Salzburger Erzbischof erbaut und seit 2001 geführt von der ArabellaSheraton Hotelmanagement-Gruppe, bietet das Schloss ein fürwahr fürstliches Ambiente hinter seinem alten Gemäuer. Hier nahm auch die Romanze der blutjungen Elisabeth mit Kaiser Franz Joseph I. ihren Anfang, die 1854 in einer Ehe mündete und sie zur Kaiserin von Österreich machte. Hier, wo einst die »Sissi«-Filme gedreht wurden, stehen heute Suiten und Juniorsuiten, Doppel- und Einzelzimmer, ausgestattet mit exquisitem Mobiliar, zur Verfügung. Auch eine Schönheitsfarm hat hier ihren Platz gefunden.
5322 Hof bei Salzburg; Tel. 0 62 29/22 53-0, Fax 22 53-5 31; E-Mail: schloss.fuschl@arabellasheraton.com; 84 Zimmer ★★★★
AmEx DINERS EURO VISA

Essen und Trinken

Ebners Waldhof M
Das Ambiente des Restaurants im gleichnamigen Hotel ist geschmackvoll gediegen. Die bodenständige Küche verwendet vorwiegend Produkte aus der Region wie Fisch und Wild. 1996 wurde Küchenchef Wagner im Restaurantführer Gault-Millau mit einer Haube ausgezeichnet.
Seepromenade; Tel. 0 62 26/82 64; April–Okt. tgl. 12–14 und 19–20.30 Uhr ★★★

Henndorf am Wallersee

■ E 1, S. 109

3800 Einwohner

Natur, Kultur und Badespaß verspricht der kleine Ort am Wallersee, der das größte Strandbad im Alpenvorland besitzt. Es ist mit einem beheizten Freischwimmbecken und eigener Surfzone ausgestattet. Seit Jahren wandelt Henndorf auch intensiv auf Carl Zuckmayers Spuren. Von 1926 bis 1938 lebte der Dramatiker hier in der Wiesmühle, die er von Carl Mayr gekauft und in mühevoller Arbeit umgebaut hatte. In dieser Zeit entstanden viele seiner berühmten Werke, wie zum Beispiel »Der Hauptmann von Köpenick«.

Zuckmayers Privatbesitz kann im Rahmen einer Führung besichtigt werden (Voranmeldung im Fremdenverkehrsbüro). Radler können auf einer 18 km langen Tour die Lieblingsplätze des Schriftstellers kennen lernen (→ S. 83). In Henndorf lebte auch ein prominenter Zeitgenosse: Der Schriftsteller Thomas Bernhard verbrachte hier einen Teil seiner Kindheit. In seinem Werk »Die Ursache« (1975) bezeichnet er seine Heimat nicht gerade besonders galant als eine »tödliche Gegend«, mit der ihn eine Hassliebe verband.

Hotels/andere Unterkünfte

Hotel-Gasthof Seebrunn
Bestes Hotel am Ort mit gemütlichen Zimmern in rustikalem Stil und guter Küche. Direkt am Wallersee gelegen.
Fenning 7 a, 5302 Henndorf;
Tel. 0 62 14/8 24 20, Fax 85 98 33;
50 Betten ★★ AmEx DINERS EURO VISA

Essen und Trinken

Gasthof Casper-Moser-Bräu M
In dem einstigen Stammlokal von Carl Zuckmayer und vielen anderen Künstlern wird auch heute noch die Carl-Zuckmayer-Jause serviert. Gutbürgerliche Küche.
Hauptstr. 61; Tel. 0 62 14/82 28; Di und in der Nebensaison Mo nachmittags geschl. ★★

Sehenswertes

Hundsmarktmühle ■ E 2, S. 109
Unter dem Motto »Vom Korn zum Brot« sind in der Hundsmarktmühle zahlreiche Objekte zu besichtigen.

Oben: Ein Fenster des Stille-Nacht-Museums erinnert an den Komponisten des Weihnachtsliedes (→ S. 45).

Mitte: Die Gemeinde Mattsee wird vom Obertrumer See und dem Mattsee begrenzt (→ S. 44).

Unten: Nur ein kleiner Teil des Wolfgangsees, an dessen Ufer der berühmte Gasthof »Weißes Rössl« liegt, gehört zum Bundesland Salzburg (→ S. 46).

Kernstücke der Ausstellung sind ein wasserradbetriebener Mühlstein, ein kompletter Mahlgang mit Walzenstuhl sowie ein Backofen und die Backstube. Außerdem werden die wichtigsten Ereignisse der Geschichte Thalgaus dokumentiert. Die Anlage, die seit dem 16. Jh. besteht, wurde zu einem Museum mit einer Kugelmühle und Veranstaltungsort umgestaltet.
Egg 24, Thalgau; Tel. 0 62 35/64 17; Juli–Okt. Sa 14–17 Uhr; Sonderführungen möglich; Eintritt 2 €, Kinder 1 €

Kaiserbuche auf dem Haunsberg ■ C 1, S. 108
Das Naturdenkmal wurde zur Erinnerung an den Besuch von Kaiser Josef II. anno 1779 gepflanzt. Der Stammumfang der über 200 Jahre alten Rotbuche beträgt in Brusthöhe 4,60 m. Die mächtige Baumkrone ist ein unübersehbares Wahrzeichen.

! MERIAN-Tipp

Ferien auf dem Lindenhof, wo Eltern alle Natur pur erleben können. Und der Nachwuchs kann auch noch unter bäuerlicher Anleitung aktiv am Landleben teilnehmen: Kühe melken, Tiere füttern, Treckerplanwagen fahren, zuschauen, wie aus Milch Käse gemacht wird, und anderes mehr. Der preisgekrönte Bio-Bauernhof liegt nur drei Kilometer von den Badestränden des Wallersees entfernt. Lindenhof, Familie Schober, 5201 Seekirchen am Wallersee; Tel. 0 62 25/7 82 95, Fax 8 29 54; E-Mail: schober.lindenhof@aon.at; 4 Ferienwohnungen im Bauernhaus und Blockhütte für 2–5 Personen ★★ ■ D 1, S. 109

Zwischen Obertrum und Oberndorf, eineinhalb Stunden Fußmarsch ab Bushaltestelle Staffl

Mattsee ■ D 1, S. 109

Die drei Gemeinden Mattsee, Obertrum am See und Seeham sind die städtisch geprägten Zentren im Trumer Seenland. Mattsee, der größte dieser Orte, liegt auf einer Halbinsel, die östlich vom Mattsee, westlich vom Obertrumer See begrenzt ist. Wassersport wird in Mattsee groß geschrieben: Segelschule, Bootsverleih, Strandbad – alles ist vorhanden, was das Herz begehrt. Wer den See trockenen Fußes genießen will, umrundet ihn bei einer etwa dreistündigen Wanderung. Hinter der ehemaligen Probstei, dem Stift Mattsee aus dem 8. Jh., erhebt sich auf einem Hügel die Ruine des herrschaftlichen Schlosses.

Museen

Bajuwaren Freilichtschau
In einem rekonstruierten bajuwarischen Gehöft aus dem 7. Jh. wird das Leben der damaligen Zeit anschaulich dargestellt.
Weyersbucht Mattsee; Tel. 0 62 17/60 80; Mai, Juni, Sept. Sa und So ab 15 Uhr, Juli, Aug. Do und Fr ab 17, Sa, So, Fei ab 15 Uhr; Eintritt frei

Michaelbeuern
nördlich ■ C 1, S. 108

1200 Einwohner

Michaelbeuern ist Mustergemeinde im Rahmen des Projektes Dorferneuerung der Salzburger Landesregierung. Die Hauptattraktion des Ortes ist das Benediktinerkloster aus dem 8. Jh. Der romanische Urbau der Stiftskirche zum hl. Michael wurde 1072 geweiht. Sehenswert ist der Hochaltar (1691/1692) mit Skulpturen von Meinrad Guggenbichler und Gemälden von Johann Michael Rottmayer. Auch die zweistöckige Bibliothek verbirgt unter ihren rund 40 000 Bänden kleine Kostbarkeiten. Die Walther-Bibel aus dem 12. Jh., ein Hauptwerk der Salzburger Buchmalerei, ragt unter den 3000 Handschriften als Kleinod heraus.

Museen

Stiftsmuseum
Das Stiftsmuseum im Kreuzgang und im Refektorium des Klosters beherbergt eine große Sammlung von Figuren und Gemälden, u. a. von Paul Troger.
Benediktinerstift Michaelbeuern; Tel. 0 62 74/81 16, Fax 81 16-30 94; E-Mail: museum@abtei-michaelbeuern.at; Ostermontag–Ende Okt. Klosterführung jeweils So 14 Uhr; Besichtigung der Sonderausstellung jeweils So 15–16 Uhr

Oberndorf ■ C 1, S. 108

5700 Einwohner

Oberndorf wurde von 1900 bis 1906 neu angelegt, um es vor Hochwasser zu schützen. In Altoberndorf erinnert eine kleine Gedächtniskirche, die 1937 an der Stelle der ehemaligen Pfarrkirche St. Nikola errichtet wurde (tgl. 8–18 Uhr), an die Geburtsstunde des Weihnachtsliedes »Stille Nacht, heilige Nacht«. Ein historisches Schifferschützen-Corps und ein Schiffermuseum berichten von den alten Zeiten, als Oberndorf noch Stützpunkt der regen Salzachschifffahrt war. Alle drei Jahre finden zum Gedenken daran historische Piratenschlachten statt (→ Feste und Festspiele S. 99). Vom Dorf aus führen eine Kalvarientreppe und eine Allee hinauf zur barocken Wallfahrtskirche Maria Bühel.

Sehenswertes

Rauchhaus »Mühlgrub« ■ E 2, S. 109
Der Denkmalhof liegt auf dem Höhenrücken zwischen Hof und Thalgau. Er ist von Hof aus zu Fuß auf einem landschaftlich schönen Weg in einer halben Stunde zu erreichen, von Thalgau auf einem Abkürzungsweg in etwa einer Stunde. Das Rauchhaus »Mühlgrub«, das bis 1983 bewohnt war, ist ein Beispiel für einen typischen Einhof mit ebenerdiger Mittertenne zwischen Wohn- und Stallteil. Diese Einzelhöfe sind im 13. Jh. in Streulage entstanden. Seinen Namen gaben dem Haus die Rauchspuren im Hausflur. Hier steht der Herd, und der Rauch muss ohne Schornstein abziehen.
Zwischen Hof und Thalgau; Juli–Sept. Fr 10–13 Uhr; Eintritt 1,5 €, Kinder ab 6 Jahren 0,7 €

Museen

Museum Bruckmannhaus
Seit 1993 ist das Bruckmannhaus Heimatmuseum mit den Schwerpunkten Salzachschifffahrt und Geschichte des Weihnachtsliedes »Stille Nacht, heilige Nacht«.
Stille-Nacht-Platz 7; tgl. 9–12 und 13–17 Uhr; Eintritt 35 öS, erm. 20 öS

Stille-Nacht-Museum ■ C 1, S. 108
Im Schulhaus in Arnsdorf, dem ältesten Schulhaus Österreichs, in dem auch heute noch unterrichtet wird, lebte der Komponist und Lehrer Franz Xaver Gruber. Hier schrieb er 1818 die Melodie für das Weihnachtslied »Stille Nacht, heilige Nacht«. Seine Wohnung im ersten Stock mit altem Hausrat, Mobiliar und Originalhandschriften ist nach Voranmeldung bei Ottilie Aigner (Tel. 0 62 74/74 53; E-Mail: f.x.gruber-museum.arnsdorf@aon.at) zu besichtigen.
Altes Schulhaus neben der Wallfahrtskirche Maria am Mösl, Arnsdorf; Eintritt 2 €, Kinder 0,7 €

St. Gilgen

■ F 2–3, S. 109

3700 Einwohner

Das Mozartdorf am Nordwestende des Wolfgangsees im Salzkammergut gehört verwaltungstechnisch noch zum Salzburger Land. Mozarts Mutter wurde im Bezirksgerichtsgebäude am See geboren, und seine Schwester Nannerl war hier mit dem Richter Sonnenburg verheiratet. Seit Jahrzehnten nimmt der Ort auch einen zeitgenössischen Prominenten Jahr für Jahr auf, den deutschen Ex-Bundeskanzler Helmut Kohl.

Erstmals erwähnt wird St. Gilgen 790. Lange Zeit stand es unter der Herrschaft der Salzburger Fürsterzbischöfe. Erst 1816 kam es zu Österreich.

Heute ist der Ort eine führende Fremdenverkehrsgemeinde und Ausgangspunkt für zahlreiche Exkursionen, zum Beispiel eine Fahrt mit der Seilbahn auf das Zwölferhorn (1522 m).

Essen und Trinken

Tiroler Stub'n
In behaglich eingerichteten ländlichen Stuben mit hübsch gedeckten Tischen lässt sich die gute Kost, die vorwiegend aus der österreichischen Küche kommt, genießen.
Aberseestr. 9; Tel. 0 62 27/23 17;
Mo geschl. ★★

St. Wolfgang am Wolfgangsee

■ E 9, S. 113

2700 Einwohner

Verwaltungstechnisch gehört St. Wolfgang im Salzkammergut zu Oberösterreich, was jenseits der Grenzen dieses Reiseführers liegt. Ein Ausflug dorthin ist aber eigentlich ein touristisches Muss. Am besten fahren Sie mit dem Schiff nach St. Wolfgang (Schiffe verkehren von Mai bis Oktober, einfache Fahrt für Erwachsene 3,50 €, Kinder- und Tageskarten ermäßigt). Das Schiff legt in unmittelbarer Nähe des legendären »Weißen Rössl« an, das durch die Operette »Im Weißen Rössl« 1930 zu Weltruhm kam. Den damals bereits 100 Jahre alten Stoff kramte der gefeierte Ufa-Filmstar Emil Jannings 1929 aus seiner Erinnerung hervor, als er mit ein paar Bühnenkollegen und dem Theaterdirektor Eric Charell auf einer der schönsten Seeuferterrassen mit Blick auf den Gasthof »Weißes Rössl« saß. Ralph Benatzky komponierte eine mitreißende Musik, Robert Stolz und Bruno Granichstaedten steuerten einige Lieder bei, Robert Gilbert schrieb die Texte. Am 8. Nov. 1930 wurde das »Weiße Rössl« in Berlin uraufgeführt, und bald wusste die ganze Welt, dass man im Salzkammergut gut lustig sein kann.

Spazieren Sie durch die romantischen Gassen zur 800 Jahre alten Wallfahrtskirche mit dem berühmten gotischen Hochaltar von Michael Pacher. Der Südtiroler Maler und Schnitzer schuf das Werk zwischen 1471 und 1481.

Um die Kirche drängen sich nicht nur viele Touristen, sondern auch wuchtige Giebelhäuser, die teilweise schon ein paar hundert Jahre in ihrem Gebälk haben.

Ausflugtipp: Mit der Schafbergbahn auf den Schafberg (1783 m), einer Zahnradbahn, die von Mai bis Oktober in Betrieb ist, hinauf auf den gleichnamigen Berg. Bei gutem Wetter haben Sie einen wunderbaren Rundblick auf die Salzkammergutseen und -berge.

»Entern« Tauern – hinterm Tauern.

So wird auch heute noch die Lage dieses reizvollen Salzburger Gaues bezeichnet, der weit nach Südosten vorgeschoben ist.

Zwischen Radstädter Tauern und Katschberg ist alles ein bisschen anders als im restlichen Salzburger Land. Ins sonnenreiche Hochtal fuhr schon seine Majestät der Kaiser »auf Sommerfrische«. Aufgrund seiner Höhenlage und des Beckencharakters herrscht hier »Höhenklima«. Das Becken ist windgeschützt, hat dadurch wenig Niederschläge und eine hohe Sonnenscheindauer. Die südöstlichen Nachbarländer Steiermark und Kärnten haben den Lungau kulturell beeinflusst und seine Sonderstellung mitgeprägt. Beim Fronleichnamszug und während des Sommers marschiert noch der Riese Samson in Begleitung seiner beiden großköpfigen Zwerge durch die Straßen von acht Lungauer Orten (→ MERIAN-Tipp S. 98). Hier trägt man wie einst Prangstangen als Wachstumssymbole (in Zedernhaus am 24. Juni, in Muhr am 29. Juni) und entfacht Osterfeuer in der Dunkelheit der Täler und Höhen. Am letzten Wochenende im August wird das Preberschießen veranstaltet: ein merkwürdiges Wasserscheibenschießen, bei dem auf das Spiegelbild der Scheibe im Wasser gezielt wird.

Burg Finstergrün

■ E 23, S. 119

Auf eine wechselvolle Geschichte blickt die Burg Finstergrün zurück, die vom nordseitigen Abhang der Gstoßhöhe aus das Murtal bei Ramingstein beherrscht. Ein Waldbrand, der im vergangenen Jahrhundert durch den ganzen Lungau tobte, ließ von der Burg nur noch eine Ruine übrig. Jene erwarb der ungarische Magnat Graf Sándor Szápáry im Jahr 1900. Er ließ nebenan eine neue Burg bauen, die heute als Jugendheim dient.

Aktuelle Termine finden sich im Internet unter www.burg-finstergruen.at und unter Tel. 0 64 75/2 28

Mariapfarr

■ D 22, S. 119

2400 Einwohner

Zwischen Mauterndorf und Tamsweg liegt der heilklimatische Kurort Mariapfarr, der angeblich sonnenreichste Ort in ganz Österreich. Die Geschichte des kleinen Dorfes mit 2400 Einwohnern ist eng verbunden mit der der **Wallfahrtskirche Mariapfarr**, die als »Mutterkirche« des Lungaus bezeichnet wird und bedeutende Kunstschätze birgt; u. a. Fresken aus dem 13. Jh. Der Ort ist Zentrum des Lungauer Loipennetzes.

Mauterndorf

■ C 23, S. 118

1800 Einwohner

Das Wahrzeichen des Ortes ist die **Burg Mauterndorf** über dem Eingang zum Taurachtal, heute eine Begegnungsstätte für alle Kulturströmungen, die von Bund, Land und der Gemeinde unterstützt wird. Einst war die Anlage, die einem Märchenbuch entsprungen zu sein scheint, Lieblingsaufenthaltsort von Erzbischof Leonhard von Keutschach. Sie wurde 1253 zum Schutze des Tales und des Ortes gebaut, im 14. und 15. Jh. um eine Kapelle mit Fresken sowie um einen Flügelaltar erweitert. Mauterndorf war einst Zollstätte an der Handelsroute nach Italien. Vom damaligen Wohlstand zeugen am Marktplatz noch einige Treppengiebelhäuser aus dem 16. und 17. Jh.

Hotels/andere Unterkünfte

Pension Lasshofer
Kinderfreundliche Frühstückspension in Zentrumsnähe.
Markt 256, 5570 Mauterndorf; Tel. 0 64 72/ 7 27 70, Fax 7 27 74; 12 Zimmer ★★

Museen

Burg Mauterndorf
In dem historischen Bauwerk aus dem 13. Jh. wird bei einem Rundgang durch die Burganlage mit eigenem Audio-Guide Geschichte lebendig. In den Sälen, Gewölben und Gemächern des Lungauer Landschaftsmuseums ist die Erlebnisausstellung »Lust aufs Mittelalter« untergebracht.
Burg Mauterndorf; Tel. 0 64 74/74 26; Mai–15. Okt. tgl. 10–17.30 Uhr; Eintritt 7,5 €, Kinder 5 €

Essen und Trinken

Mesnerhaus
In dem renovierten Gebäude, das einst der Mesner bewohnte, schwingt heute ein Zwei-Hauben-Koch den Löffel. Die Speisekarte weist aber auch Gerichte zu zivilen Preisen auf. Reservierung erbeten.
Markt 56; Tel. 0 64 72/75 95
★★★

Murtalbahn ■ E 23, S. 119

Eine Reminiszenz an die Anfänge der Eisenbahn ist die Schmalspurbahn, die nach Fahrplan von Tamsweg über Ramingstein und Murau nach Unzmarkt in der Steiermark verkehrt. 1894 ging die Murtalbahn erstmals auf große Fahrt und schloss den Lungau an das Verkehrsnetz der Habsburger an. Eine Einrichtung, die sich allerdings nicht lohnte. Die Reisedauer betrug aufgrund der umständlichen Routenführung zwischen zwölf und 14 Stunden. In den sechziger Jahren drohte die Bahn ganz stillgelegt zu werden. Ein jahrzehntelanger Streit zwischen Salzburg und der Steiermark entbrannte. Heute verkehren auf dieser Strecke moderne Schmalspurtriebwagen, die eine Geschwindigkeit von bis zu 70 km/h erreichen. Die alten Dampflokomotiven stehen seit 1987 im Zeichen des Tourismus. Sie bummeln im Juli, Aug. und Sept. jeden Fr, Sa und So auf einer landschaftlich schönen Strecke 11 km zwischen St. Andrä und Mauterndorf.

St. Michael im Lungau ■ C 23, S. 118

3700 Einwohner

Gleich zwei der fünf bedeutendsten Sakralbauwerke des Lungaus stehen in **St. Michael** im Lungau: die gleichnamige Pfarrkiche und die Filialkirche St. Martin im Ortsteil **St. Martin**. Beide Kirchen sind wegen ihrer spätgotischen Fresken bekannt. Sehenswert ist außerdem ein Doppelporträt-Relief aus römischer Zeit, das in den Turm der Filialkirche eingearbeitet wurde. Ferner locken Wander- und Radwege sowie ein 18-Loch-Golfplatz am Katschberg Touristen in den Ort.

Hotels/andere Unterkünfte

Der Wastlwirt
Die Zimmer und Apartments des traditionellen Landgasthofes sind romantisch eingerichtet.
Marktstr. 13, 5582 St. Michael im Lungau; Tel. 0 64 77/71 55-0, Fax 71 56 60; E-Mail: info@wastlwirt.at; 53 Zimmer
★★★

Essen und Trinken

Löckerwirt ■ C 23, S. 118
Die Stuben des stattlichen Bauernhofs sind trophäengeschmückt und mit gemütlichen Wirtshausbänken versehen. Die Kost ist gutbürgerlich und bodenständig.
Nr. 25, St. Margarethen; Tel. 0 64 76/2 12, Fax 21 24; E-Mail: loeckerwirt@sbg.at; Di geschl. ★★

Schloss Moosham

■ C 23, S. 118

6 km südlich von Mauterndorf wacht eine weitere Bilderbuchburg über das Murtal: das Schloss Moosham bei St. Margarethen. So schön es von außen anzusehen ist, so schreckliche Dinge passierten hinter seinem dicken Gemäuer, als Moosham noch Verwaltungszentrum des Lungaus und Sitz des Landpflegers war, der auch die landesfürstliche Blutsgerichtsbarkeit ausübte.

In jenen schrecklichen Zeiten rollten hier Hexenprozesse ab. Im Laufe der Zeit verfiel Schloss Moosham. Es kam erst wieder zu Ehren, als es Hans Graf Wilczek erwarb und renovieren ließ. Heute ist es ein viel besuchtes Privatmuseum.
Durchgehend geöffnet. Besichtigung nur mit Führung. Weitere Auskünfte: Burgverwaltung; Tel. 0 64 76/3 05

Schmelzofenanlage Bundschuh

■ D 24, S. 119

Ein Unikum in der Salzburger Museumslandschaft stellt das Hochofenmuseum Bundschuh dar. Das frei zugängliche Industriedenkmal im Gemeindegebiet Thomatal zeugt von der Bedeutung der Bodenschätze vom Mittelalter bis ins 19. Jh.
Thomatal; Anfang Juni–Anfang Okt.; Tel. 0 64 76/2 62

Tamsweg

■ DE 23, S. 119

5800 Einwohner

Tamsweg ist Bezirkshauptstadt und wirtschaftliches Zentrum des Lungaus. Den nahezu quadratischen Marktplatz säumen zwei- bis dreistöckige Bürgerhäuser aus dem 16. Jh. Herzstück ist das **Rathaus** (Mitte 16. Jh.), das mit seinen kleinen Ecktürmchen einem Schloss gleicht. Das ehemalige Schloss **Kuenburg** (wiederaufgebaut im 18. Jh.) steht in der Kirchengasse, ebenso das Barbaraspital, einst Pflegestation für alte und kranke Bergarbeiter, heute Heimatmuseum.

20 Minuten vom Ortszentrum entfernt liegt auf einer Anhöhe die **Wallfahrtskirche St. Leonhard**. Sehenswert ist vor allem das so genannte Goldfenster aus goldgelbem und blauem Glas. Als Ausflugsziel empfiehlt sich auch der **Prebersee**, der 9 km nordöstlich von Tamsweg liegt.

Museen

Lungauer Heimatmuseum
Im ehemaligen Barbaraspital wird ein Querschnitt des bäuerlichen Handwerks und der bäuerlichen Einrichtung im Lungau ausgestellt. Die Spinn- und die Webstube legen Zeugnis ab über eine Tätigkeit, die im Lungau weit verbreitet war.
Kirchgasse 133, 5580 Tamsweg; Tel. 0 64 74/25 47; 1. Juni–15. Sept. Di–Fr, nur mit Führung (10, 14 und 15.30 Uhr)

Service

Auskunft

Ferienregion Lungau
■ C 22–D 23, S. 118/119
Postfach 19, 5582 Lungau; Tel. 0 64 77/89 88, Fax 89 88 20; E-Mail: ferienregion@lungau.at

Bewahrt und geschützt wird im Nationalpark Hohe Tauern die außergewöhnliche Naturlandschaft – und jeder kann die Schönheiten dieser Region genießen.

Die Idee wurde schon zu Beginn unseres Jahrhunderts geboren: Die Berg- und Gebirgswelt der Hohen Tauern, die sich über die Bundesländer Kärnten, Salzburg und Ost-Tirol erstreckt, sollte unter besonderen Schutz gestellt werden. Denn immerhin zählt sie zu einer der letzten großflächigen Naturlandschaften Österreichs. Jahrzehntelange harte Auseinandersetzungen brachten zu Beginn der achtziger Jahre den gewünschten Erfolg. Das Land Kärnten machte 1983 den Anfang, Salzburg folgte 1984, und 1992 ließ sich auch Tirol erweichen. Die bizarre Welt aus Fels und Stein, Geröllfeldern, saftigen Almwiesen und sprudelnden Bächen umfasst heute eine Fläche von über 1800 Quadratkilometern.

Der Anteil des Salzburger Landes von genau 804 Quadratkilometern liegt nördlich des Alpenhauptkammes. Insgesamt 19 Gemeinden von Krimml im Westen bis Muhr im Osten sind Ausgangspunkt für Wanderungen auf über 1000 Kilometer markierten Wanderwegen. Speziell angelegte Lehr- und Erlebnispfade führen zu landschaftlich und kulturell reizvollen Orten und vermitteln dabei Wissenswertes über Natur und Umwelt im Nationalpark Hohe Tauern. So war die Kernzone des Nationalparks ein alpines Urland, das vor vielen Jahrmillionen geprägt wurde. Daraus entstand eine Welt mit alpinen Pflanzen und Tieren, Eis und Felsen, die nun unter strengen Schutz gestellt ist.

Die Kulturlandschaft, die Bergbauern über Jahrhunderte hinweg in harter Arbeit geschaffen haben, wird als Außenzone bezeichnet. Sie bildet mit ihrem Blumenreichtum und ihren wild lebenden Tieren einen reizvollen Gegensatz zur Naturlandschaft der Kernzone. Beachtlich ist das Sportangebot: Reiten und Paragliden, Golfen und Rad fahren, Tennis, Angeln, Schwimmen, Segeln und Surfen. Auch die so genannten »In«-Sportarten wie River-Rafting und Canyoning lassen sich vor dieser gewaltigen Naturkulisse erleben. Die Ferienregion Nationalpark Hohe Tauern ist touristisch gut erschlossen: In jedem Ort gibt es Infostellen.

Bramberg

■ B 14, S. 114

3400 Einwohner

Ein wenig abseits der Bundesstraße 165 liegt Bramberg, dessen Ortskern vom Durchgangsverkehr auf diese Weise freigehalten ist. Dass der Ort einen geschichtsträchtigen Boden hat, beweist schon das Heimatmuseum. Aber auch seine Pfarrkirche birgt zwei Kunstschätze: die Pietà von Bramberg, ein Steinguss von 1420, und die Bramberger Madonna aus Holz von 1500. Weitere Schmuckstücke finden Sie vielleicht, wenn Sie an einer Mineralienexkursion in das Habachtal teilnehmen, die während der Saison jeden Freitag am Parkplatz Habachtal startet. In diesem Tal treffen Sie auch auf die Moaralm, eine Traditionshütte, in der sich das Leben noch wie vor 200 Jahren abspielt.

Oben: Das so genannte Goldfenster in der Wallfahrtskirche St. Leonhard bei Tamsweg (→ S. 49).

Mitte: Steile Bergwiesen wie diese müssen auch heute noch mit der Sense gemäht werden.

Unten: Mit dem Tälerbus erreichen Bergwanderer auch abgelegene Winkel.

Hotels/andere Unterkünfte

Hotel Kirchner
Das familiengeführte Haus mit einer schönen Freizeitanlage hat einen eigenen 500 qm großen Badesee mit Liegewiese und Kinderspielplatz. Für Kinder ab sechs Jahren gibt es ein eigenes Programm. Besonderheit: vegetarische Küche.
5733 Bramberg/Mühlbach; Tel. 0 65 66/72 08, Fax 72 08 22; E-Mail: info@wanderhotel.at; 33 Zimmer; 5. Mai–20. Okt. und 1. Dez.–6. April ★★

Museen

Heimatmuseum Wilhelmgut
Ein Mekka für Mineralienfreunde. Bekannt wurde es vor allem durch die Smaragde aus dem Habachtal, dem einzigen Fundort dieser Steine in Europa. Außerdem befindet sich hier ein Wollladen, in dem Bäuerinnen ihre selbst vorgearbeitete Wolle nicht nur verstricken, sondern auch verkaufen. Im August wird einmal pro Woche Brot gebacken.
Mitte Juni–Sept. tgl. 10–18 Uhr, 1. Mai–17. Juni und Okt. Di und Do 16–18 Uhr, Sonn- und Fei 10–12 Uhr; Eintritt 1,4 €

Embach ■ B 17, S. 116

1850 Einwohner

Auf einem landschaftlich reizvollen Hochplateau liegt Embach, ein Kirchweiler, der sich seinen ländlichen Charme bis heute bewahrt hat.
20 Fußminuten von Embach entfernt befindet sich die **Wallfahrtskirche Maria Elend**, die 1552 errichtet, 1783 zerstört und 1842 in ihrer heutigen Form wieder aufgebaut wurde. Einer Legende zufolge hatte sich ein blindes und geistesschwaches Mädchen in der Nähe von Embach verlaufen. Die Mutter gelobte, an der Stelle, wo sie ihre Tochter wieder finden würde, eine Kapelle bauen zu lassen. Das Wunder geschah: Sie fand ihr Kind heil und zudem noch gesundet wieder. In den folgenden 200 Jahren hatte die Wallfahrtskapelle Maria Elend einen enormen Zulauf.

Großglockner Hochalpenstraße ■ A 18–20, S. 116

1935 wurde die höchste und eindrucksvollste Passstraße Österreichs nach 28-monatiger Bauzeit eröffnet. Sie windet sich von Bruck (757 m) in zahlreichen Kehren hinauf zum Hochtor (2506 m) und dann wieder hinunter nach Heiligenblut (1301 m) ins benachbarte Bundesland Kärnten. Die 47,8 km lange Strecke ist mautpflichtig. 2

Abhängig vom Schneefall ist die Straße von Ende Oktober bis zum Muttertag im Mai gesperrt, außerdem nachts von 22 bis 5 Uhr.
Weitere Informationen unter Tel. 06 62/87 36 73-0 und während der Öffnungszeiten an der Kasse Ferleiten, Tel. 0 65 46/6 50 und an der Kasse Heiligenblut, Tel. 0 48 24/22 12; Tageskarte PKW und Wohnmobil 25 €, für Motorrad 16 €

Hollersbach ■ C 14, S. 114

1050 Einwohner

Die Kräuterfelder, auf denen der Kosmetikhersteller Yves Rocher anbauen lässt, und der Schaugarten mit über 500 verschiedenen Kräutern mitten im Ort erklären den Beinamen »das blühende Dorf«. In seinem Zentrum steht das **Klausnerhaus**. Dieser Bauernhof aus dem 16. Jh. wurde 1986 renoviert und dient seitdem als Informations- und Seminarhaus sowie als Ausstellungsort.

Empfehlenswert ist der **Hollersbacher Bachlehrweg**. Entlang dieser Route beschreiben zehn Tafeln die Natur des Baches und die umliegende Landschaft mit ihrer Pflanzen- und

Tierwelt. Am Ziel der drei- bis vierstündigen Wanderung liegen die Wirtsalm und die Senninger-Bräualm, die von Anfang Mai bis Mitte Okt. bewirtschaftet sind.

Kaprun

F 14, S. 115

2750 Einwohner

Kaprun war in erster Linie ein Bergbauerndorf, dessen Bewohner weitgehend von der Viehzucht lebten. Um die Jahrhundertwende machte es sich einen Namen als Bergführerdorf. Einen enormen Aufschwung erlebte der Ort mit einer auf den ersten Blick nicht gerade Tourismus fördernden Einrichtung, dem Bau der Tauernkraftwerke 1955.

Der Bau der Gletscherbahn auf das Kitzsteinhorn (3202 m) 1964 machte Kaprun zum Ganzjahresskigebiet und signalisierte einen neuerlichen Wandel. Der Run auf das Gebiet machte 1974 den Bau einer weiteren Bahn notwendig. Ein verheerender Brand mit 155 Toten im Tunnel im November 2000 zerstörte diese 3900 m lange Standseilbahn. Nach dem Unglück wurde beschlossen, diese Bahn nicht mehr aufzubauen. Dafür wurde eine neue Seilbahn in Angriff genommen, deren erste Sektion rechtzeitig zur Wintersaison 2001/2002 in Betrieb ging.

Das Kapruner Tal ist umrahmt von mehreren Dreitausendern: Großes Wiesbachhorn (3564 m), Hohe Tenn (3368 m), Hocheiser (3206 m), Hoher Riffel (3338 m), Mittlerer (3356 m) und Großer Bärenkopf (3401 m). Die Fläche der 13 Gletscher umfasst 14 qkm. Große Teile des Kapruner Tales zählen allerdings nicht mehr zum Nationalpark Hohe Tauern, da sie zu sehr industrialisiert sind. An die Anfänge des Ortes, der 931 erstmals urkundlich erwähnt wurde, erinnert die Burg Kaprun, die größte Ruine des Pinzgaus. Sie wurde vermutlich im 12. Jh. erbaut. 1526 wurde die Burg von aufständischen Bauern niedergebrannt. Um 1600 baute sie Josef Hundt von Ainetperg in ihrem heutigen Grundriss auf. Seit 1984 kümmern sich Mitglieder des Burgvereins um die Renovierung der alten Gemäuer, die nur von außen zu besichtigen sind.

Hotels/andere Unterkünfte

Sportcamping Wolferlgut M

A 17–18, S. 116

Am Ausgangspunkt zur Großglockner Hochalpenstraße liegt der schönste und bestausgestattete Campingplatz dieser Region. Neben einem Freizeit- und Sportareal, Kinderspielplatz, Hobbyraum mit TV gibt es auch das Erlebniscenter mit Sauna, Massagen und Fitnessstudio.

An der Großglocknerstraße, 5671 Bruck; Tel. 0 65 45/73 03-0, Fax 73 03-3; E-Mail: info@sportcamp.at ★

Sehenswertes

Kraftwerk

Die Stauanlagen der Kraftwerksgruppe gelten heute noch als Attraktion für Gäste aus aller Welt. Das Informationszentrum im Krafthaus gewährt u. a. Einblick in die Maschinenhalle.

Kraftwerk Ende Mai–Anfang Okt. tgl. 8–16 Uhr; Eintritt 15 €, Kinder 9 €; Informationszentrum tgl. 7–19 Uhr

Krimml

A 14–15, S. 114

800 Einwohner

Ganz im Westen des Salzburger Landes versteckt sich Krimml, ein kleines Dorf, das durch seine Wasserfälle schon im vergangenen Jahrhundert über die Staatsgrenzen hinaus bekannt war. Gespeist von zwölf Gletschern stürzt die Krimmler Ache über drei gewaltige Felsstufen 380 m in die Tiefe. Vom Parkplatz aus gelangt man in etwa 15 Minuten zur Aussichtskanzel am unteren Fall und in einer knappen Stunde Fußmarsch zur höchsten Fallstufe hinauf. Wenn Sie mehr Zeit haben, empfiehlt sich eine ausgiebige Wanderung zum Krimmler Tauernhaus. Von Krimml aus führt der gut ausgeschilderte Weg entlang der Wasserfälle zum Schönangerl, einem flachen Talstück. In der Nähe des Gasthofes Schönangerl beim mittleren Fall zeugen schöne Gletscherschliffe von der Eiszeit. Nach der letzten Wasserfallstufe ist das Tal noch relativ eng, weitet sich aber schließlich und gibt den Weg frei in eine Almlandschaft. An der Hölzlahner Alm vorbei, über die Hofer Alm, die Humbach Alm und die Schachenalm erreicht man schließlich nach drei- bis vierstündiger Wanderung das Krimmler Tauernhaus (1631 m).

Hotels/andere Unterkünfte

Krimmler Tauernhaus
Das 600 Jahre alte Haus liegt im Krimmler Achental und ist nur zu Fuß oder per Taxibus zu erreichen. Uriger Berggasthof.
Tel. 0 65 64/83 27; 23 Betten, 38 Schlafplätze im Matratzenlager ★★

Mittersill ■ C 14, S. 114

5000 Einwohner

Die Marktgemeinde aus dem 12. Jh. wurde wegen ihrer Lage an der Schnittstelle zweier wichtiger Verkehrswege der Hauptort des Oberpinzgaus. Schwere Überschwemmungen und Brände zerstörten den Ort so sehr, dass nur noch die Burg Mittersill und die Pfarrkirche St. Leonhard, die Annakirche sowie die Nikolauskirche Zeugen der mittelalterlichen Vergangenheit sind.

Über der Stadt thront das **Schloss Mittersill**. Der Gründungsbau der Grafen von Lechsgemünd geht auf das Jahr 1150 zurück. Im Bauernkrieg 1525/26 wurde das Schloss zerstört und 1528 in seiner heutigen Form wieder aufgebaut. Der so genannte **Hexenturm** erinnert an die grausamen Prozesse, die hier im 17. und 18. Jh. stattfanden und unliebsame Frauen ins Verderben stürzten. 1888 kam Schloss Mittersill in Privatbesitz und wechselte von nun an häufig seine Besitzer. Könige, Millionäre und Mitglieder der Highsociety wie der Schah von Persien, Henry Ford, Clark Gable und Aristoteles Onassis weilten auf Schloss Mittersill als Gäste, nachdem Baron Hubert von Pantz und der Prinz von Hohenlohe in den fünfziger und sechziger Jahren den »Schloss Mittersill Jagdclub« wiederbelebten. Seit 1993 wird das Schloss für Familien- und Betriebsfeiern sowie als Konferenzzentrum genutzt. Einen anschaulichen Überblick über die lokale Geschichte und Kultur bietet das Felberturm Museum (→ MERIAN-Tipp S. 56).

Essen und Trinken

Meilinger Taverne M
Typisch österreichisch und doch anders präsentieren Robert und Annelies Klackl ihre verfeinerte Pinzgauer Küche in ihrem hübschen Restaurant direkt in der Ortsmitte. Das Ehepaar kocht vor allem mit Pinzgauer Naturprodukten. Besondere Spezialitäten sind Gerichte mit dem heimischen Pl-Lamm und Pl-Rind. Reservierung erbeten.
Marktplatz 10; Tel. 0 65 62/42 26
★★ bis ★★★

Neukirchen ■ B 14, S. 114

2200 Einwohner

Der kleine Ort liegt zu Füßen des Schlosses Hohenneukirchen unterhalb des Großvenedigers (3674 m), dem höchsten Berg im Salzburger Land. Nördlich der Salzach führt eine Kabinenbahn mit Sommerbetrieb zur Bergstation des Wildkogels (2225 m).

Sehenswertes

Schaubergwerk Hochfeld – Knappenweg Untersulzbachtal
Hier gewinnt man Einblicke in die Geschichte des Kupferbergbaus. Grubenbefahrung.
Führungen: 21. Mai–17. Juni Mo–Do 10.30–14 Uhr, 18. Juni–9. Sept. Mo–Fr 10.30–15 Uhr, Sa+So 11–13 Uhr, 10. Sept.–25. Okt. Mo–Do 11.30–13.30 Uhr; Eintritt 11 €, Kinder 4 €

Piesendorf ■ F 13–14, S. 115

2600 Einwohner

Von Piesendorf aus hat man wohl die schönste Aussicht auf die schneebedeckten Dreitausender. Und wer hinauf zur Schmittenhöhe wandert, überblickt bei klarer Sicht einige hundert Berggipfel um den tiefgrünen Zeller See.

Sehenswertes

Perfellers Chinesenstadt
Kurios ist die Geschichte des Piesendorfer Schmieds Sebastian Perfeller und seiner Chinesenstadt. Sein eigenwilliger Lebensstil machte den Freigeist Perfeller im starren Gefüge eines Dorfes des 19. Jh. schnell zum Außenseiter. Dennoch schuf Perfeller in Piesendorf sein Lebenswerk: die Chinesenstadt, ein asiatisch geprägtes, verschachteltes Bauwerk aus Holz, das in kleine Pavillons, Galerien und Terrassen unterteilt war. Perfellers Haus war bald schon eine touristische Attraktion, wohingegen die Piesendorfer damals recht wenig damit anfangen konnten. Heute werden eine Dokumentation und ein Modell des um die Jahrhundertwende abgebrannten Hauses im Kulturraum des Gemeindeamtes präsentiert.
Mo–Fr 8–12 und 16–18, Sa 8–11 Uhr; Eintritt frei

Rauris ■ B 18, S. 116

2750 Einwohner

Goldbergbau bestimmt die Geschichte des Ortes, der in einem 30 km langen Hochtal zwischen dem Gasteiner Tal im Osten und dem Fuschertal im Westen liegt. Daran erinnern Gewerkenhäuser aus dem 15. und 16. Jh.

Der **Tauerngold-Rundwanderweg** (drei Stunden ab Naturfreundehaus Neubau, das wiederum eineinhalb Stunden von Kolm-Saigurn entfernt ist) führt entlang historischer Stätten des Goldbergbaus in Kolm-Saigurn. Goldwaschen kann der Besucher in Rauris übrigens an manchen Stellen immer noch (→ S. 75).

Heute macht der Ort überregional mit seinen Literaturtagen von sich reden, die hier seit 1971 alljährlich im Frühjahr stattfinden. Ansonsten

Gewaltige Inszenierung der Natur: Die Krimmler Wasserfälle sind die höchsten Europas (→ S. 53).

wird die flächenmäßig größte Gemeinde im Salzburger Land als Wanderparadies geschätzt. Vier Gehstunden vom Ortsteil Wörth entfernt liegt auf 1527 m Höhe am Ende des Seidlwinkltals das über 500 Jahre alte **Rauriser Tauernhaus.** Es zählt zu den ältesten Unterstandshäusern der Region. Und vom Gasthof Ammererhof in Kolm-Saigurn bringt Sie nach 15 Fußminuten ein Naturlehrpfad durch den Rauriser Urwald, in dem mehr als 80 Moortümpel zu finden sind.

Museen

Rauriser Talmuseum
1500 Exponate in 16 Schauräumen führen durch die Rauriser Vergangenheit.
Heimatmuseum, Marktstr. 59; in der Saison tgl. 10–12 und 16–18 Uhr

❗ MERIAN-Tipp

Felberturm Museum Reichhaltige Sammlungen über Handwerk, Volkskunst, Brauchtum, Geschichte, Alpinismus, Mineralien und Bergbau. Der Wehr- und Wohnturm aus dem 12. Jh. gehörte einst den Herren von Felben. 1425 kam er an die Salzburger Erzbischöfe, die ihn als Getreidespeicher nutzten. 1936 kaufte die Gemeinde Mittersill den verfallenen Turm und richtete hier 1969 das Felberturm Museum ein. Hintergasse 4, 5730 Mittersill; weitere Informationen: Tel. 0 65 62/45 83; Anfang Juni–Mitte Okt. Mo–Fr 10–17, Sa und So 13–17 Uhr; Eintritt 2,5 €, Schüler 0,7 €
■ C 14, S. 114

Essen und Trinken

Gasthof Andrelwirt
Eine gute Küche mit frischen Produkten aus der heimischen Landwirtschaft zeichnet den traditionellen Gasthof aus.
Dorfstr. 19; Tel. 0 65 44/64 11 ★★

Taxenbach ■ B 17, S. 116

3000 Einwohner

Ein Dorado für Extremsportler: Raftingfahrten auf der Salzach, Canyoning in der wildromantischen Kitzlochklamm, Mountainbike-Touren mit anschließendem Raften gehören hier zum Fitnessprogramm. Wer sich nicht abrackern möchte, kann auch einfach nur die **Kitzlochklamm** besichtigen (etwa eine Stunde) oder sie als Ausgangspunkt für eine Wanderung, zum Beispiel nach Embach oder Maria Elend, nehmen. Die Kitzlochklamm ist ab Mitte Mai–Ende Okt. von 8 bis 18 Uhr geöffnet (Eintritt 2 €, Kinder 1 €).

Uttendorf ■ D 14, S. 115

2650 Einwohner

Uttendorf ist Ausgangspunkt für eine Fahrt mit der Weißsee-Gletscherbahn hinauf zur Bergstation Rudolfshütte am Weißsee (2310 m). (Mitte Juni–Ende Sept. tgl. 9–12 und 13–16.30 Uhr; Berg- und Talfahrt 16 €.) Am Ufer des aufgestauten Weißsees, der ein idealer Ausgangspunkt für Hochgebirgstouren ist, liegt in einer malerischen Hochgebirgslandschaft die Rudolfshütte. Hier ist das Alpin- und Ausbildungszentrum des Österreichischen Alpenvereins untergebracht. Die mitten in der Gletscherwelt gelegene Schutzhütte gewährt auch Wanderern Unterschlupf in Doppelzimmern.

Wildpark Ferleiten

→ S. 75 ■ F 15, S. 115

Zell am See

F 13, S. 115

8000 Einwohner

Die kleine Klostersiedlung aus dem Jahr 740 hat sich im Laufe der Zeit zu einem exklusiven Fremdenverkehrsort gemausert, der einen Teil der Europa-Sportregion Kaprun–Zell am See ausmacht. Nicht nur die geografische Lage – direkt am Zeller See, die Schmittenhöhe (1965 m), Österreichs schönsten Aussichtsberg, im Rücken –, sondern auch der Anschluss an das Eisenbahnnetz am 3. Juli 1875 verhalfen dem Ort zu seinem wirtschaftlichen Aufschwung.

Vom alten Ortskern sind noch erhalten: das **Schloss Rosenberg** aus dem Jahr 1583 (jetzt Rathaus), der **Vogt- oder Kastnerturm** aus dem 13. Jh. (beherbergt das Heimatmuseum) und die Pfarrkiche **St. Hippolyth,** eine romanische Anlage des 11. Jh. Sehenswert ist auch das Hotel Lebzelter direkt neben dem Kastnerturm. Diese traditionsreiche Zeller Gaststätte besitzt seit 1484 die Gewerbeberechtigung für den Alkoholausschank. Gleich gegenüber liegt das ehemalige Pflegegerichtsgebäude, das Erzbischof Wolf Dietrich von Raitenau im Jahre 1600 erworben hat.

Neueste Attraktion ist die Musical Seebühne am Nordufer.

Hotels/andere Unterkünfte

Grand Hotel M M

Die exklusive Vier-Sterne-Hotelanlage liegt direkt am See. Die Zimmer im Seehotel sind modern eingerichtet, die Suiten mit allem Komfort im Stil von Alt-Österreich.

Esplanade 4, 5600 Zell am See; Tel. 0 65 42/78 83 64, Fax 78 83 05; E-Mail: grandhotel.zell@sbg.at; 115 Zimmer ★★★★

AmEx DINERS EURO VISA

Essen und Trinken

Schloss Prielau M M

Das mehrfach ausgezeichnete Gourmet-Restaurant in dem 600 Jahre alten Bauwerk bietet in gemütlich-gediegener Atmosphäre erlesene Weine zu einer hochwertigen Küche. Das neu gestaltete Restaurant »Jörg Wörther« erhielt von Gault Millau vier Hauben. Reservierung erbeten.

Hofmannsthalstraße; Tel. 0 65 42/7 26 09, Fax 7 2 09 55; E-Mail: schlossprielau @pong.at ★★★★

Einkaufen

Boutique Anteus

Mode für Damen und Herren, Jeans, Gürtel, Krawatten, Sonnenbrillen und Modeschmuck. Exklusives aus dem Hause von Gianni Versace hat die Boutique in ihrem Angebot.

Kreuzgasse 1

Am Abend

Ampère M

Exklusiver Treff in altem Umspannwerk. Lokal und Bar in stilvollem Flair, in der alkoholische und nichtalkoholische Cocktails gemixt werden.

Schmittenstr. 12; tgl. 17–1 Uhr

Diskothek Viva

Modernste Disko in der ganzen Region. Hier werden vor allem Rave Freaks ihren Spaß haben. Laufende Showprogramme, Erotikshows und Livemusik.

Kirchengasse; tgl. 20–3 Uhr

Seebar-Dancing M

Exklusives Tanz- und Unterhaltungslokal des Grand Hotels, bietet Abendunterhaltung mit Tradition, mehrmals wöchentlich auch Livemusik.

Esplanade 4; tgl. ab 21 Uhr

Sport und Freizeit zu allen Jahreszeiten, in elf Orten. Ambitionierte Radurlauber und passionierte Skifahrer finden hier ihr persönliches Eldorado.

Wie ein Keil schiebt sich das Pinzgauer Saalachtal nach Bayern hinein. Über den Steinpass oder über den Pass Strub führen die Wege nach Unken und Lofer. Das Steinerne Meer, die Loferer Steinberge und die Leoganger Steinberge werden auf dem Weg nach Saalfelden passiert, im Süden liegen dann die sanften Kuppen der Pinzgauer Grasberge. Wer also von Norden her durch das enge Saalachtal anreist, wird von der Vielfalt der Pinzgauer Bergwelt überrascht sein.

Saalfelden ist ein idealer Ausgangspunkt für Radtouren. Der Pinzgauer Tauernradweg verbindet auf einer Länge von über 200 Kilometern Saalfelden mit seinen Nachbarorten. Gipfelstürmer auf zwei Rädern finden rund um Leogang und in den Kitzbüheler Alpen Mountainbike-Touren unterschiedlichster Schwierigkeitsgrade. Der Ritzensee bei Saalfelden ist ein beliebter Platz zum Entspannen.

Insgesamt sind die Wanderwege aller Schwierigkeitsgrade im Pinzgauer Saalachtal rund 1000 Kilometer lang.

Gesicherte Wege führen durch rund 600 Meter der Lamprechtsofenhöhle. Den Schatz des Ritters Lamprecht soll eine seiner beiden Töchter hier einst versteckt haben (→ S. 59).

Lamprechtsofenhöhle

E 6, S. 111

Dieses Naturdenkmal birgt einen Superlativ: Es handelt sich um die tiefste wasserführende Höhle Österreichs. Sie reicht mit einer Gesamtlänge von 35 km in den Berg; erschlossen sind rund 600 m für die Besucher. Der Sage nach ist in diesem Höhlenlabyrinth der Schatz des Ritters Lamprecht verborgen. Vielen der Abenteurer, die das Tauerngold gesucht haben, wurde der gefährliche Bach zum Verhängnis. Sage und schreibe 146 Skelette hat man in dieser Höhle gefunden. Schwarze Kreuze markieren die Stellen. Der für Besucher zugängliche Teil ist heute freilich gesichert. Man kann diesen Abschnitt in etwa zwei Stunden auf eigene Faust erkunden.

Tel. 0 65 82/83 43; Führungen Ostern–Mitte Okt. 9–19 Uhr, 15. Dez.–31. März 9–16 Uhr; Eintritt 3 €, Kinder 1,5 €

Leogang

E 7, S. 111

3100 Einwohner

Umrahmt von den Leoganger Steinbergen und den Pinzgauer Grasbergen liegt das ehemalige Bergbaudorf, das heute fast ausschließlich vom Tourismus lebt. Bereits um das Jahr 1200 wurden hier Bergwerke betrieben, die vom 15. bis ins 19. Jh. große wirtschaftliche Bedeutung errangen. Sehenswert ist das denkmalgeschützte Ensemble rund um die Kirche.

Lofer

E 5, S. 111

2000 Einwohner

Lofer ist ein beschaulicher Ort. Die alten Bürgerhäuser aus dem 16. und 17. Jh. blieben vom Verkehr verschont, denn die Gemeinde hat sich rechtzeitig für eine Umgehungsstraße eingesetzt. Im Zentrum steht die älteste Pestsäule des Landes, die auf das Jahr 1648 datiert ist. Lofer ist seit dem späten 19. Jh. im Winter wie im Sommer ein beliebtes Urlaubsdomizil und außerdem Ausgangspunkt für verschiedene Touren.

Hotels/andere Unterkünfte

Hotel Bräu M

Gepflegte Zimmer in einem altehrwürdigen Gebäude, sehenswert ist schon das schmiedeeiserne Hausschild aus der Biedermeierzeit. Hier kann man übrigens auch gut und deftig bodenständig essen!

Lofer 28, 5090 Lofer; Tel. 0 65 88/8 20 70, Fax 82 07 71; E-Mail: aasbraeu@aon.at; 25 Zimmer ★★★

Maria Alm am Steinernen Meer

F 7, S. 111

2000 Einwohner

Maria Alm am Fuß des Steinernen Meeres ist ein wahres Bilderbuchdorf. Beherrscht wird das Ortsbild von der Marienwallfahrtskirche mit ihrem 84 m hohen Turm. Das spätgotische Gnadenbild der Muttergottes aus dem Jahre 1480 zog früher in Scharen die Wallfahrer an, die Schutz vor der Bärenplage erbaten.

Hotels/andere Unterkünfte

Landhotel Schafhuber

Familiengeführtes Haus direkt an der Skischaukel Maria Alm–Hinterthal–Dienten–Mühlbach. Im Winter ein Skihotel, im Sommer ein Stützpunkt für Wanderungen. Spezielle Wander-, Gesundheits- und Kreativwochen.

5761 Maria Alm, Hinterthal 67; Tel. 0 65 84/81 47, Fax 81 47-7; E-Mail: landhotel-schafhuber.at; 13 Zimmer ★★

Saalbach-Hinterglemm ■ D 7, S. 111

3100 Einwohner

Ein Ortsverbund ohne besondere Sehenswürdigkeiten, bestimmt hauptsächlich durch den Fremdenverkehr. 15 500 Gästebetten auf knapp 3100 Einwohner sprechen für sich. Saalbach ist der Hauptort des Glemmtales, das sich nordwestlich des Zeller Sees in Ost-West-Richtung erstreckt. Hier ist auch am Abend was los. In einigen Bars und Diskotheken tobt das Leben bis nach Mitternacht. 1991 war Saalbach Austragungsort der Alpinen Skimeisterschaften. Das Hauptgeschäft ist natürlich der Wintersport, obwohl die Landschaft im Glemmtal durchaus ein familienfreundliches Wandergebiet darstellt. Die Bergbahnen sind auch im Sommer in Betrieb. Die Schattbergbahn – die größte Gondelbahn Österreichs – befördert bei einer Fahrt bis zu 100 Personen zur 2018 m hoch gelegenen Bergstation.

Vom Schattberg wie auch vom Zwölferkogel und vom Reiterkogel aus lassen sich gemütliche Wanderungen unternehmen. Der Wander- und Pflanzenlehrweg ab der Lindlingalm am Talschluss ist für die ganze Familie informativ.

Museen

Heimathaus und Skimuseum
Sehenswert ist das alte Heimathaus und Skimuseum, das in einem wieder errichteten Bauernhaus neben der Kirche untergebracht ist. Anschaulich wird hier bei einer sachkundigen Führung die Geschichte von Saalbach-Hinterglemm sowie vom ersten Ski bis heute erzählt.
Tel. 0 65 41/79 58; Di und Do 15–18 Uhr, Führung um 15 und 16.30 Uhr; Eintritt 3 €, Kinder 1,5 €

Saalfelden ■ F 7, S. 111

14 500 Einwohner

Saalfelden ist Zentrum des Pinzgauer Saalachtales. Die moderne Kleinstadt liegt an der Durchgangsroute, die von Bad Reichenhall nach Zell am See und weiter zur Großglockner Hochalpenstraße führt. Saalfelden erstreckt sich im weiten Talbecken der Saalach, eignet sich daher gut für wenig anstrengende Wanderungen und Radausflüge.

Essen und Trinken

Kirchenwirt
Regionale Spezialitäten, u. a. Pinzgauer Naturrind (PI-Rind) und Leoganger Weidelamm, in rustikaler Atmosphäre. Etwa 8 km westlich von Saalfelden.
Leogang 3; Tel. 0 65 83/82 16; im Sommer Di geschl. ★★

Schatzbichl M M
Ein hübsch eingerichtetes Landhaus mit gemütlichen Zirbenstuben erwartet den Gast. Die Wirtsleute machen sich seit Jahren um die typisch salzburgische Küche verdient und haben Rezepte von Mutter und Großmutter im Repertoire.
Ramseiden 82; Tel. 0 65 82/7 32 81; außerhalb der Saison Di geschl. ★★

Museen

Pinzgauer Heimatmuseum
Heimisches Brauchtum, Handwerk und Volkskunst sind Gegenstand dieses Museums im Schloss Ritzen. Außerdem werden Einblicke in keltische Ausgrabungen vermittelt, geologische Besonderheiten und Mineralien gezeigt. Sehenswert: die alpenländische Krippensammlung.
Tel. 0 65 82/7 27 59; Mi, Sa, So, Feiertag und 24. Dez.–6. Jan. tgl. 14–17 Uhr; 1. Juli–30. Sept. Di–Fr 10–12 und 14–17 Uhr; Eintritt 3,2 €, Familien 4,3 €

Oben: Blick über den Ritzensee zum Birnhorn. Wegen seiner atemberaubenden Kulisse ist der See ein viel besuchtes Ausflugsziel unweit Saalfeldens.

Mitte: In der Panorama-Alm bei Saalbach treffen sich in jedem Winter die Artisten des Skizirkus.

Unten: Die Betreiber der Lindlingalm bei Hinterglemm stellen Butter und Käse her.

Service

Auskunft

Urlaubsregion Pinzgauer Saalachtal
Loferer Str. 5, 5760 Saalfelden; Tel. 0 65 82/ 7 40 17, Fax 74 01 74; E-Mail: office@pinzgauer-saalachtal.co.at

Seisenbergklamm

■ F 6, S. 111

Seit 1831 ist diese Klamm in Weißbach bei Lofer begehbar. Damals errichteten Holzknechte einen Weg durch die steilwandige Gebirgsschlucht, um Holz transportieren zu können. Kenner halten die etwa 600 m lange Klamm für die schönste in Österreich.
Tel. 0 65 82/8 35 24; Mai–Okt. tgl.; Eintritt 2,5 €, Kinder 1,2 €

! MERIAN-Tipp

Übernachtung auf der Alm Wer es urig mag, der sollte sich einmal in einer Almhütte einmieten. Almleben live heißt aber auch, dass man auf die warme Dusche und den Fernsehapparat verzichten muss. Dafür lernt man sozusagen in einem Crash-Kurs, wie »romantisch« der Alltag eines Bergbauerns oder einer Sennerin wirklich ist. Darüber täuschen auch die köstlichen selbst gemachten Produkte, vom Brot über die Butter bis hin zum Selbstgebrannten, nicht hinweg. Zwölf solcher Hütten gibt es im Großarltal. Übernachtung mit Frühstück kostet ab 7,50 € pro Person. Auskünfte beim Tourismusverband Großarltal, Tel. 0 64 14/2 81

Sommerrodelbahn Biberg

■ F 7, S. 111

Mit 63 Kurven, drei Jumps und zwei Tunnel auf einer Wegstrecke von 1632 m gilt die Sommerrodelbahn als die längste Europas. Zum Startpunkt gelangt man mit dem Sessellift vom Saalfeldener Ortsteil Kehlbach.
Tel. 0 65 82/7 21 73; 24. Mai–Sept. tgl. ab 9 Uhr, im Mai und Okt. kürzere Betriebszeiten

Vorderkaserklamm

■ E 6, S. 111

Ein Ausflug zur Vorderkaserklamm zwischen St. Martin und Weißenbach kann mit Grillen und Baden im rundherum gelegenen Naherholungsgebiet kombiniert werden. In jahrtausendelanger Arbeit hat der Ödenbach die 80 m tiefe und 400 m lange Klamm gegraben.
Tel. 0 65 88/85 20 00; 12. Mai–15. Okt. tgl.; Eintritt 2,5 €, Kinder 1,2 €

Wallfahrtskirche Maria Kirchental

■ E 6, S. 111

Die Kirche wurde nach Plänen von Fischer von Erlach zwischen 1693 und 1701 erbaut. Auftraggeber war Erzbischof Max Gandolf Kuenberg. Er schuf den würdigen Rahmen für das Gnadenbild. Die Kirche liegt westlich von St. Martin und wird entweder über die mautpflichtige Bergstraße oder zu Fuß nach einstündiger Wanderung von St. Martin aus erreicht. Zur 300-Jahrfeier am 8. September 2001 wurde ein Großteil der Renovierungsarbeiten abgeschlossen.

Maria Kirchental ist ein Werk des Baumeisters Fischer von Erlach. Hier kann man nach Voranmeldung die größte Votivtafelsammlung Österreichs besichtigen (→ S. 62).

Bodenschätze wie Kupfer und Gold machten den Pongau schon früh wohlhabend. Die Heilquellen des Gasteiner Tals holten viel Prominenz in diese Region.

Der Pongau erstreckt sich zwischen Werfen im Norden, dem Mandlingpass im Osten, dem Tauernkamm im Süden und Lend im Westen. Geologisch ist der Pongau ein breitsohliger Talabschnitt, durch dessen Mitte die Salzach fließt. Dazu gehören die Nebentäler mit der Gasteiner Ache und dem Großarlbach. Durch das Gasteiner Tal führte schon früh eine der Hauptrouten zur Überquerung des Alpenhauptkamms. Kupfervorkommen und Goldfunde machten den Pongau recht bald zum Siedlungsgebiet. Daneben wurden auch Silber, Blei, Nickel und Eisenerz gefunden. Die letzten Kupferbergwerke wurden erst 1977 stillgelegt. Im Mittelalter kam es im Gasteiner Tal zu einem regelrechten Goldrausch. Zu dieser Zeit nutzte man auch bereits die Heilquellen, die besonders seit Mitte des 19. Jahrhunderts internationale Prominenz ins Land lockten.

Der Pongau steht für eine ganze Reihe von Bräuchen, die sich bis heute erhalten haben. Bei den **Perchtenläufen** am 6. Januar wechseln sich die einzelnen Orte im Pongau turnusmäßig ab. Mit den bis zu 40 Kilogramm schweren Perchtenmasken sollen die bösen Mächte vertrieben und gute ins Land geholt werden. Es gibt zwei Arten von Perchten: Die Schönperchten stellen gute Geister dar, während die so genannten Schiachperchten böse Dämonen personifizieren. Mit den Perchtenläufen gehen die Rauhnächte zu Ende. Fruchtbarkeit und Segen für das kommende Jahr werden eingefordert.

Bad Gastein ■ C 19, S. 116

5650 Einwohner

Viele hochherrschaftliche Villen, Hotels und Restaurants im Stil der Jahrhundertwende machen den Charme des weltbekannten Kurorts aus. Bereits im 14. Jh. hatte man die heilende Wirkung des Wassers erkannt. Im Spätmittelalter erlebte der Badebetrieb seine erste Blütezeit. Ganz ernst dürfte es damals nicht zugegangen sein, so lässt zumindest der Spruch einer alten Gasteiner Badestube vermuten: »Außen Wasser, innen Wein, lasst uns alle fröhlich sein!« Der moderne Kurbetrieb wurde im 18. Jh. aufgenommen. Das Radon-Thermalwasser und der Radon-Heilstollen haben schon viele Leiden gelindert. Aus den Thermalquellen sprudeln pro Tag etwa fünf Millionen Liter des heilsamen Wassers.

Bad Hofgastein ■ C 19, S. 116

6800 Einwohner

Der alte, ehrwürdige Hauptort des Gasteiner Tales ist ein traditionsreiches Heilbad. Das ausgedehnte Kurzentrum bietet ein breites Spektrum an Unternehmungsmöglichkeiten in Sachen Gesundheit und Badespaß. Da die weite Tallandschaft, in der der Ort liegt, kaum Höhenunterschiede aufweist, ist Bad Hofgastein außerdem ein beliebtes Ziel von Wanderern.

Hotels/andere Unterkünfte

Grand Park Hotel M M
Kurhotel mit modernem Fünf-Sterne-Komfort.
Kurgartenstr. 26, 5630 Bad Hofgastein; Tel. 0 64 32/63 56, Fax 84 54; E-Mail: office@gp-hotel.sts.ac.at; 89 Zimmer
★★★

Sehenswertes

Thermentempel
Wie der Name schon verspricht, ist der Thermentempel in Bad Hofgastein mehr als nur ein Hallenbad. 1000 qm Wasserfläche drinnen und draußen mit einer Temperatur von 33 °C, ein Sportbecken mit 24 °C Wassertemperatur, Sauna, Dampfbad, Tauchbecken mit Wasserrutschen, FKK-Sonnenterrasse, Massagecenter, Solarien.
In der Hauptsaison tgl. 9–20.30 Uhr

Bischofshofen

■ C 12, S. 112

10 000 Einwohner

Nicht unbedingt eine attraktive, aber die größte Stadt im Pongau und daher auch wirtschaftlicher Mittelpunkt der Region. Sehenswert ist das **Rupertikreuz** in der Pfarrkirche St. Maximilian. Das Original des metallverkleideten Holzkreuzes, das in der Kirche durch eine Kopie ersetzt ist, wird im Pfarrhof (Moßhammer Platz 2) aufbewahrt. Es wurde vermutlich um 800 in Irland gefertigt. Die landschaftlich reizvolle Umgebung von Bischofshofen, das am Fuße des 2938 m hohen Hochkönigs liegt, lässt sich auf einer kleinen Wanderung zum **Grainfeld-Wasserfall** und der oberhalb gelegenen **Burgruine Bachsfall** genießen. Auf der Naturschanze von Bischofshofen endet jedes Jahr am 6. Jan. die deutsch-österreichische Vierschanzentournee.

Dienten

■ B 17, S. 116

800 Einwohner

Die Pfarrkirche **St. Nikolai** vor den schroffen Türmen des Hochkönigmassivs ist ein wirkungsvolles Fotomotiv. Die Einwohner der ehemaligen Bergbausiedlung leben heute fast nur vom Fremdenverkehr.

Eisriesenwelt

■ D11, S. 113

Ein unterirdischer Fluss schuf die Eisriesenwelt im Tertiär. 1879 wurde sie entdeckt, 1912 erschlossen. Bisher sind 47 km erforscht. Rund 800 m führt der touristische Weg in das Berginnere, in eine Märchenwelt aus Eis. Figuren aus der nordischen Mythologie standen Pate für die bizarren Eispaläste wie den Odin-Saal, die Hymir-Burg oder die Thrym-Halle. Ein Fußweg führt von Werfen aus in etwa dreieinhalb Stunden zur Höhle. Die Zufahrt erfolgt über eine 6 km lange Bergstraße. Von dort sind es noch 15 Fußminuten zur Talstation der Seilbahn Eisriesenwelt. Warme Kleidung und feste Schuhe sind ratsam.
1. Mai–26. Okt. 9–15.30 Uhr, Juli/Aug. bis 16.30 Uhr; Berg- und Talfahrt 9 €, Kinder 4,5 €; Führungen (Dauer etwa 70 Minuten) Mai–Sept. tgl. 9–17, im Juli und Aug. 9–18 Uhr; Eintritt 7 €, Kinder 3,5 €

5

Entrische Kirche

■ C18, S. 116

Die größte Höhle der Salzburger Zentralalpen liegt am Eingang zum Gasteinertal. Während der Gegenreformation diente sie den Protestanten als geheimer Versammlungsort. Die Geschichtsschreiber sprechen heute angesichts der Vertreibung der Protestanten im Jahr 1732/1733 vom »schwärzesten Kapitel« der Landesgeschichte. Im **Fledermaus-Dom** ist eine Gedenkstätte eingerichtet.
Ende März–Anfang Okt. Di–So 11–16 Uhr, Juli, Aug. Di–So 10–18 Uhr; Eintritt 7 €, Kinder 4,3 €

Goldegg

C 17, S. 116

2350 Einwohner

Hauptattraktion des Ortes ist das **Schloss Goldegg**. Es geht auf eine Burg aus dem Jahr 1322 zurück, von der die Holzeinbauten in den Wohn- und Schlafräumen erhalten sind (um 1322). Im 16. Jh. wurde die Burg zum Schloss erweitert. Der Rittersaal mit seinen Fresken und bemalter Wand- und Deckenvertäfelung zählt zu den wertvollsten Profandenkmälern der österreichischen Renaissance. Im zweiten Stock des Schlosses ist das Pongauer Heimatmuseum untergebracht, das alte bäuerliche Gebrauchsgegenstände und Werkzeuge ausgestorbener Berufe zeigt.
Führungen Mai–Sept. Do und So 15 und 16 Uhr; Eintritt 4,3 €, Kinder 2,2 €

Essen und Trinken

Hotel Restaurant Seehof
Seit 1727 »Historische Salzburger Gaststätte« mit einem schönen Garten. 1995 mit einer Haube ausgezeichnet. Kreative Küche.
Hofmark 8; Tel. 0 64 15/8 13 70, Fax 82 76
★★★ AmEx DINERS EURO VISA

Kößlerhäusl (Denkmalhof)

D 18–19, S. 117

Zwischen Großarl und Hüttschlag findet sich links neben der Straße das ehemalige Bergknappenhaus der Familie Kößler aus dem 16. Jh. Der roh gezimmerte Blockbau erzählt vom Leben in dieser Zeit. Wohnung, Stall und Scheune waren unter einem Dach zusammengeschlossen. Sehenswert hier: die Rauchkuchl. Führungen ab vier Personen und nach Voranmeldung (Tel. 0 64 14/ 2 81 oder 3 00).
Eintritt 1,5 €, Kinder frei

Liechtensteinklamm

D 17, S. 117

9

Die Sage erzählt, dass die Klamm vom Teufel geschaffen wurde, der hier, beim vergeblichen Versuch, die Gasteiner Quellen nach Großarl zu bringen, seine Last in die tiefe Schlucht schleuderte. Der Weg durch die 1,2 km lange Klamm führt über gefahrlos begehbare Brücken, Stiegen und durch Tunnels zum 50 m hohen Wasserfall. Dort kann man auf einer Plattform das Naturschauspiel genießen. Beim Parkplatz am Eingang zur Klamm gibt es einige Restaurants.
Mai–Okt. tgl. 8–17 Uhr; Eintritt 3 €, Kinder 1,8 €

Mühlbach

C 12, S. 112

2400 Einwohner

Der Fremdenverkehrsort ist vor allem wegen der Verbindung zur Skischaukel Dienten–Hinterthal–Maria Alm bekannt. 4000 Jahre Bergbau haben den Ort geprägt. Hier liegt eine der ältesten Kupferlagerstätten Europas. Davon können sich die Besucher im Johanna Schaustollen überzeugen. Ausgangspunkt ist der 1600 Einwohner zählende Ort auch für die Besteigung des Hochkönig (→ S. 84).

Museen

Johanna Schaustollen und Museum in Mühlbach
Die Arbeitsmethoden im Bergbau von der Zeit der Illyrer bis heute werden sehr anschaulich dargestellt. Gegründet wurde das Museum von ehemaligen Knappen, die auch einen früheren Luftschutzstollen zu einem Schaustollen umfunktionierten.
Führung Mitte Mai–Mitte Okt. Di–So 10–16 Uhr und nach Vereinbarung (Tel. 06 76/7 73 31 82); Eintritt 4,3 €, Kinder 2,2 €

Oben: Willkommen in der Märchenwelt aus Eis. 30 000 Quadratmeter Eisfläche machen die Eisriesenwelt zur größten bekannten Eishöhle der Welt.

Mitte: Das Ambiente stimmt – Turnierreiterin in historischem Kostüm auf der Burg Hohenwerfen (→ S. 68).

Unten: Eingebettet in sattes Grün ruht Dorfgastein, acht Kilometer nördlich von Bad Hofgastein.

St. Johann im Pongau

10 200 Einwohner ■ D 17, S. 117

Die Pfarrkirche **St. Johann** beherrscht den Hauptort des Pongaus. Das mächtige neugotische Gotteshaus, nach einem verheerenden Brand 1855 bis 1873 neu erbaut, wird auch als »Pongauer Dom« bezeichnet. St. Johann im Pongau bietet sich als Sommererholungsort wie auch als Standplatz für Wintersportler an.

Hotels/andere Unterkünfte

Kur- und Sporthotel Sonnhof
Die Wirtsleute verwöhnen die Gäste rundum, zum Beispiel mit Strudelfest oder Wildererschmaus.
Kirchweg 2, 5621 St. Veit; Tel. 0 64 15/43 23, Fax 73 19 28; 23 Zimmer ★★★

Essen und Trinken

Bräustüberl M ■ C 17, S. 116
Köstliche Jausen zu günstigen Preisen, dazu das mit Goldmedaillen ausgezeichnete Schwarzacher Bier. Tipp: dunkles oder gemischtes Bier.
Brauhausgasse 28, 5620 Schwarzach; Tel. 0 64 15/75 36; Mo geschl. ★★

Tauernstraßen-museum ■ E 12, S. 113

2000 Jahren Verkehrsgeschichte von der Römerstraße bis zur Tauernautobahn widmet sich dieses Museum in Eben. Untergebracht ist es im Gasthofgut direkt neben der Autobahnraststätte.
1. Mai–30. Sept. Mi, Sa 15–19 Uhr; Eintritt 1,8 €, Kinder 0,7 €

Werfen ■ C 11, S. 112

3200 Einwohner

Der alte Salzburger Markt mit seinem stimmungsvollen Ortskern um einen lang gestreckten Hauptplatz ist gleichermaßen als Sommerfrische wie als Wintersportort beliebt. Sehenswert im Okt.: der barocke Hochaltar in der Pfarrkirche (1652–1657) und die Arkadengänge im Innenhof des Brennhofs Werfen am Hauptplatz, wo gelegentlich gemeinsame Sonderausstellungen mit der Burg Hohenwerfen (1077) stattfinden, die Werfen überragt. Sie wurde zur Zeit des Investiturstreits zum Schutz gegen die Truppen Heinrich IV. erbaut. Heute dient die Burg als Tagungs- und Veranstaltungsort. Erweiterungen aus dem 12. und 16. Jh. verliehen ihr das heutige Gesicht. Die Bilderbuch-Burgruine kann im Rahmen einer einstündigen Führung besichtigt werden (Ende März bis Anfang Nov. tgl. 9–17 bzw. 16.30, im Sommer 18 Uhr).

Hotels/andere Unterkünfte

Dr. Heinrich-Hackel-Hütte
Hütte des Alpenvereins auf 1531 m Höhe, 45 Minuten von der Seilbahn entfernt, rund zwei Stunden von Werfenwang. Die Zimmer haben keine Heizung. Eine Waschgelegenheit ist vorhanden. Anmeldung und Information bei Familie Gstatter.
5532 Filzmoos; Tel. 06 64/3 42 91 14; Mai–Okt., im Winter an Wochenenden; 4 Betten, 45 Lager ★

Museen

Falknereimuseum ■ C 11, S. 112
Das erste österreichische Falknereimuseum zeigt u. a. Exponate zum Thema mittelalterliche Jagd und Falkenausbildung.
Burg Hohenwerfen; Ende März bis Anfang Nov. tgl. 9–17 bzw. 16.30 Uhr, Juli–Aug. 9–18 Uhr; Eintritt (inklusive Führung, Museum und Greifvogelschau) 9 €, Kinder 4,5 €

Salz, Eis, Mühlen und Öfen:

Das Wasser schuf die Attraktionen dieses Gaues, der durch seine spröde Schönheit besticht und zum Wandern kein Terrain für Turnschuhe ist.

Eigentlich müsste der Tennengau Salzgau heißen. Denn das Salz, das der Salzach, dem »Hausfluss« des Gaues, wie dem gesamten Salzburger Land seinen Namen gab, kommt seit nun viereinhalb Jahrtausenden aus dem Tennengau. Genauer: aus Hallein. Nomen est omen. Denn die Griechen sagten zum Salz »Hal«. Die Salzburger Fürstbischöfe nannten diesen Bezirk Tennengau, nachdem er 1896 selbstständig geworden war. Pate stand das Tennengebirge, das die Gegend mit seinen über 2300 Meter hohen Bergen nach Süden hin vom Pongau abriegelt.

Heute ist der Tennengau hauptsächlich eine Wanderlandschaft, die von der langjährigen und harten Arbeit des Wassers immer noch zehrt, genau genommen profitiert: Da gibt es die Salzach- und Lammeröfen. Da gibt es das Salzbergwerk in Bad Dürrnberg bei Hallein. Da gibt es den Dachstein-Gletscher und den Gollinger Wasserfall. Wassermühlen gehören zum Tennengau ebenso wie die unzähligen Bäche, an denen sie einst zu hunderten gestanden haben. Heute klappert kaum noch eine Mühle am rauschenden Bach. Sie sind nahezu alle verschwunden, bis auf wenige Ausnahmen: in St. Koloman am Kolomansbach, in Kuchl nahe des Ortsteils Strubau, in Golling am Zugang zum Schwarzbachfall, in Abtenau neben dem Denkmal »Arlerhof«, in Annaberg im Rauenbachtal an der Zufahrt zur Riedlkarbahn und die Winklermühle in Scheffau am Schwarzenbach.

Kein Wunder, dass die Region zwischen Untersberg und Dachstein entlang von Salzach und Lammer zahlreiche Touristen anzieht. Viele von ihnen kommen wegen der Gegensätze zwischen den touristisch gut erschlossenen Tälern und den noch urwüchsigen Gebirgsgegenden, dem Skifahrerparadies im Winter sowie dem Aktivwander- und Mountainbike-Mekka im Sommer.

Typisches Bauernhaus im Alpenraum: der Blockbau auf Steinsockel.

Abtenau

D 10, S. 113

5700 Einwohner

Abtenau ist der meistbesuchte Fremdenverkehrsort im Tennengau und zeichnet sich durch die größte Zahl an Übernachtungsmöglichkeiten aus. Sport wird hier ganz groß geschrieben. Extremkletterer Georg Bachler führt seinen Club Alpin, Abfahrtsweltmeister David Zwilling seinen Club Zwilling. In diesen Sportschulen wird Drachen- und Gleitschirmfliegen, Kajakfahren und Klettern gelehrt. Riverraften auf der Lammer und abenteuerliche Schlauchboottouren nicht zu vergessen. Und natürlich besticht auch die Natur. Ein halbstündiger Spaziergang führt in Richtung Norden zum Egelsee. Der Moorsee ist ein landschaftliches Idyll. Über eine Mautstraße, die Postalmstraße (Preis für Erwachsene 2 €, Kinder 1 €), gelangt man zur **Postalm**, dem zweitgrößten Hochplateau Europas. Es ist ein Landschaftsschutzgebiet.

Hotels/andere Unterkünfte

Moisl
Bestes und teuerstes Hotel am Platz, verfügt über eigene Tennisplätze und Schwimmbad. Fitnessprogramme.
Markt 26 , 5441 Abtenau; Tel. 0 62 43/ 2 16 30; 75 Zimmer ★★★

Adnet

D 3, S. 109

3300 Einwohner

Wissbegierige erfahren hier mehr über Marmor als anderswo. Denn in Adnet dreht sich alles um dieses Naturprodukt. Ein Teil der Bürgersteige und Straßen ist mit dem rötlichen Stein gepflastert, der auf dem dicht bewaldeten Guggenhügel mit einer Seilsäge aus den Hängen geschnitten wird. Schon die Römer haben den Marmor aus Adnet für Mosaikfußböden verwendet. Mehr zu sehen gibt es in einem kleinen Marmormuseum der örtlichen Raiffeisenkasse (Führungen nach Absprache) und entlang des Marmorlehrpfades, der über 17 Stationen zu allen Marmorbrüchen führt.

Die Lammer, im östlichen Tennengebirge entspringend und 35 Kilometer lang, hat sich ein schmales, aber tiefes Bett gegraben (→ S. 73).

Golling

C 10, S. 112

3850 Einwohner

Wahrzeichen ist das **Schloss Golling**, dessen Kern auf eine Burg des Mittelalters zurückgeht. Golling war schon früher ein wichtiger Ort an der Straße nach Süden über den Pass Lueg. Daran erinnert noch die breite Marktstraße, die von stattlichen Gasthäusern gesäumt ist. Der Ort am Fuße der Alpen ist auch Ausgangspunkt für viele Wanderungen und leichte Hügelwege sowie zum **Gollinger Wasserfall** bei St. Nikolaus/ Torren. In 45 Fußminuten erreichen Sie dieses Naturspektakel, das eine Fallhöhe von 76 Metern aufweist (Mai–Okt. tgl., Eintritt 1,5 €).

Hotels/andere Unterkünfte

Hauslwirt M
Wer Tradition kombiniert mit modernem Komfort liebt, ist in den alten Gemäuern gut aufgehoben. Empfehlenswerte Küche.
Marktplatz 13, 5440 Golling; Tel. 0 62 44/ 42 29, Fax 77 88; E-Mail: info@hauslwirt.at; 35 Zimmer ★★

Museen

Gollinger Heimatmuseum
Versteinerungen, Knochen von Höhlenbären und -löwen und Römerfunde sind hier zu sehen.
Schloss Golling; Juni–Mitte Sept. Di–So 10–12 Uhr; Eintritt 2 €, Kinder 1 €

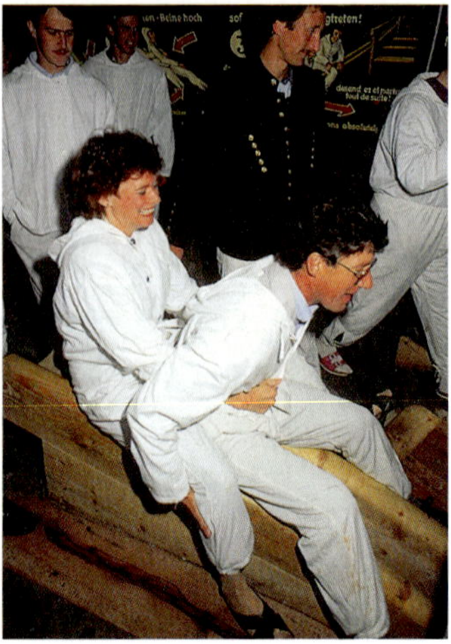

Aus den Stollen des Salzbergwerks Hallein kam einst das weiße Gold, das der ganzen Region ihren Namen gab (→ S. 73).

Essen und Trinken

Gasthof Goldener Stern
Hinter historischen Mauern verbirgt sich eine ausgezeichnete Küche in einem behaglichen Gourmet-Restaurant, das mit drei Hauben ausgezeichnet wurde.
Am Marktplatz 56; Tel. 0 62 44/4 22 00, Fax 69 12 42; E-Mail: office@doellerer.co.at; So und Mo mittags geschl. ★★★

Service

Auskunft

Gästeservice Tennengau
5400 Tennengau-Salzachtal;
Tel. 0 62 45/7 00 50, Fax 7 00 50-70;
E-Mail: info@tennengau.com

Hallein

■ B 9, S. 112

18 500 Einwohner

Die historische Altstadt der Salinenstadt steht unter Denkmalschutz. Wie schon vor 400 Jahren zieren sie schmucke Bürgerhäuser in bunten Farben, liebevoll restauriert mit barocken Motiven und Sinnsprüchen, Torbögen, kleinen Gassen und einer Fußgängerzone mit Pflastersteinen.

Auf dem Weg durch die krummen Gässchen kommt man unweigerlich auch an der Stadtpfarrkirche vorbei, wo ein einziges Grab auf dem Platz neben der Kirche steht. Hier wurde 1863 der Stadtpfarrer und Organist Franz Xaver Gruber bestattet, der Komponist des Weihnachtsliedes »Stille Nacht, heilige Nacht«. Den Ruhm der Bezirkshauptstadt des Tennengaus und der zweitgrößten Stadt des Salzburger Landes macht aber zweifelsohne das Schaubergwerk im Ortsteil Bad Dürrnberg aus.

Hotels/andere Unterkünfte

Kurhotel Vollererhof
■ c 2, Umschlag Rückseite
Abseits vom Trubel liegt eines der feinsten Hotels im Tennengau. Verschiedene Kuren werden gepflegt, wie die Wiestal-Quelle-Trinkkur.
Thurnberg 158, 5412 Puch; Tel. 0 62 45/8 99 10; E-Mail: scheck@netway.at; 42 Zimmer ★★★

Museen

Keltenfreilichtschau Dürrnberg
■ c 3, Umschlag Rückseite
Keltisches Anwesen mit Schilfdach nebst rekonstruiertem Fürstengrab.
1. April–31. Okt. 9–18 Uhr, 1. Nov.–31. März 11–16 Uhr. Weitere Infos: Tel. 0 62 45/8 52 85 22

Keltenmuseum
Eines der größten Keltenmuseen Europas ist im ehemaligen Salinenverwaltungsgebäude in Hallein untergebracht. Blitzblank geputzt und neu gestaltet hat es im Mai 1996 seine Pforten nach einer längeren Umbauphase wieder geöffnet. Wertvolle

Funde aus den Keltengräbern auf dem Dürrnberg, Ausgrabungen, Werkzeuge und Ausrüstungsgegenstände der frühgeschichtlichen Bergleute und anderes mehr aus der Zeit, als die Kelten in Hallein Salz brachen, sind hier ausgestellt.
Pflegerplatz 5; 1. Mai–31. Okt. tgl. 9–17 Uhr; Eintritt 3,6 €, Kinder 0,7 €

Salzbergwerk Hallein/ Bad Dürrnberg

■ c 3, Umschlag Rückseite

1989 wurde das Salzbergwerk stillgelegt, was dem Schaubergwerk Halleins allerdings keinen Abbruch tat: Jenes blieb offen und nimmt jährlich mehr als 200 000 Besucher auf. Fein säuberlich in eine weiße Überbekleidung eingepackt, fahren sie mit der Grubenbahn ein, überschreiten unterirdisch die Grenze zu Deutschland und gleiten auf zwei langen Holzrutschen in die Tiefe, um den beleuchteten Salzsee zu bewundern.
Ramsaustr. 4, 5422 Bad Dürrnberg; April–Okt. 9–17 Uhr, Nov.–März 11–15 Uhr; Kinder unter vier Jahren dürfen nicht einfahren; Eintritt 14 €, Kinder 7 €

Stille-Nacht-Museum

Der Stadtpfarrer und Organist Franz Xaver Gruber, der 1818 in Oberndorf das Weihnachtslied »Stille Nacht, heilige Nacht« komponiert hat, wirkte von 1835 bis zu seinem Tod 1863 als Chorregent und Organist in der Salzstadt.

Sein Haus nördlich gegenüber der Kirche ist heute als Museum eingerichtet, das Zeugnis über das Weihnachtslied und seinen Schöpfer ablegt.
25. Nov.–6. Jan. tgl. 11–17 Uhr; Preis auf Anfrage, Tel. 0 62 45/8 06 21

Essen und Trinken

Jausenstation »Schirlahof«

Wirt Reinhard Höllbacher setzt seit Jahren auf die einheimische Kost, die er mit Einfallsreichtum allerdings nur während der Wintersaison auf den Tisch bringt. So hat er auch ein achtgängiges Gaißauer Bauernkostmenü auf seinem Speisezettel.
5421 Krispl-Gaißau 77, an der Straße von Krispl-Gaißau zur Looswand; Tel. 0 62 40/2 96 ★

Lammeröfen ■ C 10, S. 112

Von Golling Richtung Osten nach Scheffau gelangen Sie durch das Lammertal zu einem Naturdenkmal, das es in sich hat: die Lammeröfen. Durch die 2 km lange und 60 m tiefe Klamm führen Stege entlang der Felswände, die teilweise abenteuerlich überhängen. Seit 1932 ist der Durchbruch der Lammer erschlossen und lockt jährlich 38 000 Besucher an. Wer Glück hat, kann Kajakfahrer und Rafter beobachten, die sich gerne den Herausforderungen des Lammertals stellen.
Mai–Okt. geöffnet; Eintritt 1,6 €, Kinder 0,8 €

Salzburger Dolomitenstraße ■ DE 10–E 11, S. 113

Knapp 30 km ist sie lang, die Salzburger Dolomitenstraße, die sich von Abtenau über Annaberg und Lungötz bis nach St. Martin durch das Lammertal ihren Weg bahnt. Der Name rührt von den schroffen weißlichen Felszacken des wuchtigen Gosaukammes im Osten, einem Teil der Skiregion Dachstein-West.

Im Winter tummeln sich hier die Gäste zum Skifahren, im Sommer zum Klettern und Wandern. Dennoch sind die drei Orte eigentlich nie überlaufen. Das gut besuchte St. Martin hat ein ungewöhnliches Naturschutzgebiet: das 12 qkm große Hochmoor »Schwarze Lacken« am Gerzkopf (Fußmarsch: zweieinhalb Stunden einfach. Führer ist zu empfehlen).

Es gibt für jede Altersgruppe etwas zu sehen und zu erleben. Egal, ob man auf den Seen im Flachgau Boot fährt oder auf der Sommerrodelbahn in Fuschl talwärts saust, in Rauris Gold wäscht, in Hellbrunn seine eigenen Wasserspiele veranstaltet, den Tiergarten besucht oder ins Salzburger Spielzeugmuseum geht.

Sommers wie winters kommen hier Kinder voll auf ihre Kosten. Und das mit und ohne detailliert ausgearbeitete Kinderprogramme, denn die Natur bietet genug Spielraum.

Einige Hotels und Gasthöfe haben sich ganz auf die kleinen Gäste konzentriert und bieten in ihren so genannten **Babyhotels** eine Rundumversorgung für die Jüngsten. Größere Kinder treffen sich gerne auf der Alpenvereinswiese in Weißbach bei Lofer. In diesem Kinderlager des Österreichischen Alpenvereins können Kinder auch ohne Eltern Urlaub machen. Viele Orte haben sich zusammengeschlossen und ein komplettes Kinder-Wochenprogramm erarbeitet, wie beispielsweise das Kindererlebnisland Faistenau, Hintersee und Krispl-Gaißau. Was den Kindern lieb, ist den Eltern (relativ) billig, denn die meisten Betreiber bieten Kinderermäßigungen sowohl bei der Übernachtung als auch bei der Verpflegung an. Übrigens: Kinderbetreuung ist bei dem einen oder anderen Anbieter auch bereits im Preis inbegriffen.

Die einheimische Tierwelt, aber auch so seltene Arten wie Luchse, lernen Kinder im Wildpark Ferleiten kennen.

Freilichtmuseum Großgmain ■ B 3, S. 108

Vom Heustadel über Mühlen und Sägen bis hin zu stattlichen Höfen und Wohnhäusern sind die stummen Zeitzeugen aus dem 16.–19. Jh. hier auf 50 ha Fläche vereint. Zum Toben lädt ein großer Abenteuerspielplatz ein.

Großgmain; Tel. 06 62/85 00 11; Ostern–Allerheiligen Di–So 9–18 Uhr; Eintritt 6 €, Schüler und Jugendliche 3 €

Goldwaschen in Rauris ■ B 18, S. 116

Auch wenn die aufregende Zeit des offiziellen Goldabbaus längst vorbei ist, so kann man im Sommer in Rauris immer noch das edle Metall waschen.

Grubenfeld Bodenhaus
Tgl. 10–16 Uhr; 2 €

Sportalm, Mo 14 Uhr; 3,5 €, inkl. Goldwaschlehrgang u. a.

Heimalmbach
Tgl. 9–16 Uhr; 3,5 €, inkl. Goldwaschschüssel

Haus der Natur ■ b 3

Dieses weltweit bekannte Naturkundemuseum wurde 1924 nach didaktischen Gesichtspunkten aufgebaut. Heute erwarten den Besucher eine Weltraumhalle, ein Aquarium und ein Reptilienzoo. Eine Tonbildschau gibt Einblick in die Phänomene der Natur. Spannend für Kinder ist sicherlich die Saurierhalle, die Rekonstruktionen und Originalskelette der ausgestorbenen Großechsen zeigt. In der Weltraumhalle finden die geheimen Kinderwünsche Nahrung, vielleicht doch einmal Astronaut zu werden ...

Museumsplatz 5, Salzburg; Tel. 06 62/84 26 53; E-Mail: hausdernatur@salzburg.co.at; Mo–Sa 9–17, So 10–18 Uhr; Eintritt 4 €, Kinder 2 €

Kindererlebnispark Straßwalchen nördlich ■ E 1, S. 109

Bei der Reise durch das Land der Feen, Zwerge und feuerspeienden Drachen stößt man auch auf ein Piratenschiff, auf eine Westerneisenbahn, auf ein Indianerlager und auf andere merkwürdige Dinge.

Märchenpark 1, 5204 Straßwalchen; Mitte April–Ende Okt. tgl. 10–18 Uhr; Eintritt 8,7 €, Kinder 8 €

Wildpark Ferleiten ■ F 15, S. 115

Mitten im Familienwandergebiet Fusch liegt der Wildpark Ferleiten, in dem über 200 Tiere, darunter Steinböcke, Murmeltiere, Bisons, Wölfe, Luchse und auch ein paar Bären, zu Hause sind. Greifvögelvorführungen (tgl. außer Mo 11 und um 15 Uhr), außerdem ein großer Erlebnisspielpark mit Pferdereitbahn, Autoscooter, Kinder-Eisbahn und Ufos.

Tel. 0 65 46/2 20; Mai–Nov. tgl. 8 Uhr bis Einbruch der Dunkelheit; Eintritt 4,3 €, Kinder 2,5 €

Extra: Sport und Freizeitaktivitäten

Aktivurlaubern zeigt sich das Bundesland Salzburg von seiner besten Seite. Österreich und mit ihm das Salzburger Land spielten seit jeher eine Vorreiterrolle bei der Vermarktung ihrer zahllosen Sportmöglichkeiten. Hier kommt jeder Sportler voll auf seine Kosten. Dem, der sich in den Korb eines Heißluftballons wagt, liegt das gesamte Salzburger Land zu Füßen. Wer's trotz dieser Aussicht beschaulicher liebt, begibt sich an Flüsse und Seen, wirft den Angelhaken in das Wasser und wartet auf den großen Fang.

Sport wird groß geschrieben im Land der Seen, Flüsse, Berge und Täler. Davon profitieren nicht nur die Österreicher, sondern auch die Urlauber.

Auch Extremsportarten wie Riverrafting auf reißenden Gebirgsflüssen sind in dieser Region fast schon Tradition geworden. Fallschirm- und Drachenfliegen, Paragliden, Canyoning und Eisklettern finden ebenfalls regen Zulauf. Dort, wo Skifahrer und Snowboarder winters ihre Spuren hinterlassen, trifft man im Frühjahr, Sommer und Herbst Wander- und Kletterfreunde auf ihrem Weg zu Almen und Gipfelkreuzen. Noch höher hinauf kommen freilich Ballonfahrer.

Bergsteigen und Wandern

7200 km markierte Wanderwege ziehen sich durch die sanften Hügel vom Alpenvorland bis hin zu den Dreitausendern in den Hohen Tauern. Vom gemütlichen Spaziergang bis zur Klettertour, vom Halbtagesausflug bis zum mehrtägigen Trecking sind zahlreiche Möglichkeiten mit und ohne Führer vorhanden.

Abenteuer hautnah – beim Riverrafting auf reißenden Gebirgsflüssen.

Drachenfliegen und Paragliden

Paraglideschulen bieten für den Flug durch die alpine Bergwelt ihre Hilfe an. Manche lehren auch das Drachenfliegen. Wer mal reinschnuppern will, kann sich bei einem Tandemflug einem erfahrenen Paraglider anvertrauen.

Resort Zwilling ■ D 10, S. 113
5441 Abtenau; Tel. 0 62 43/30 69, Fax 30 69 17; E-Mail: info@zwilling-resort.at; Schnupperkurs für einen halben Tag Paragliden ca. 50 €

Fallschirmspringen

Ein Fallschirmabsprung als Passagier (Tandemspringen) ist auf alle Fälle ein Ereignis. Auskünfte:

1. Salzburger Fallschirmspringerclub ■ C 2, S. 108–D 2, S. 109
Schafgasse 561; Tel. 06 64/1 06 88 95, Fax 85 49 35; E-Mail: 1.sfc@a1plus.at; Preise auf Anfrage

Golf

15 Golfanlagen laden derzeit zum Abschlag ein, weitere befinden sich in Planung. Über die jeweiligen Preise und die detaillierten Spielbedingungen sollte man sich bei den einzelnen Betreibern informieren. Auskünfte bei

Österreichischer Golf-Verband
Prinz-Eugen-Str. 12, 1040 Wien; Tel. 01/5 05 32 45, Fax 01/5 05 49 62; E-Mail: oegv@magnet.at; Internet: www.golfaustria.net

Rad fahren

Ein 2000 km langes Netz markierter Radwege überzieht das Land. Neben dem Tauernradweg nehmen der Salzkammergutradweg, der Ennsradweg und der Murradweg im Salzburger Land ihren Anfang. Karten und Tipps für preiswerte Unterkünfte gibt es im Prospekt »Salzburger Radjournal«, erhältlich beim

Salzburger Land ■ D 2, S. 109
Postfach 1, 5300 Hallwang; Tel. 06 62/66 88-0, Fax 66 88-66

Reiten

Auf Reiterferien haben sich 30 Orte im Salzburger Land spezialisiert. Allein in Seekirchen stehen drei Reiterhöfe zur Auswahl. Wanderreiten wird vor allem in den Hohen Tauern, im Gasteiner Tal und in der Sportwelt Amadé angeboten.

River Rafting und Canyoning

Die abenteuerlichste und längste Wildwasserfahrt im Salzburger Land führt in Begleitung eines geprüften Bootsführers in etwa zwei Stunden 15 km lang durch die wildromantische Naturlandschaft zwischen der Kitzlochklamm und Schwarzach. Der Spaß kostet inklusive Jause 38 €.
Infos erteilt das Rafting Center Taxenbach; Tel. 0 65 43/53 52, Fax 5 35 24; E-Mail: info@raftingcenter.com ■ B 17, S. 116

Segeln und Surfen

Beliebte Segelreviere sind der Fuschlsee oder der Wolfgangsee im Salzkammergut. Surfer fühlen sich vor allem auf den flachen, warmen Seen des Salzburger Alpenvorlandes zu Hause. Detaillierte Informationen erhalten Sie an den jeweiligen Urlaubsorten.

Ski fahren

634 Liftanlagen verbandeln die Salzburger Bergwelt und machen die Abfahrten auf rund 2000 Pistenkilometern möglich. Da bleibt nur noch die Qual der Wahl, welche Skischaukel man nimmt.

Mit dem Fahrrad, zu Fuß oder auf dem Rücken eines Pferdes lassen sich die schönsten Winkel des Salzburger Landes fernab von Hauptstraßen vorzüglich erkunden.

Majestätisch überragt der 3797 Meter hohe Großglockner alle anderen Gipfel der Hohen Tauern. Die mautpflichtige Großglockner Hochalpenstraße führt bis in eine Höhe von 2506 Metern (→ S. 52).

Der Tauernradweg

Der Radweg ist ein Bikerparadies: gut beschildert, wenig Verkehr.

Eine genussvolle Entdeckungsreise ganz ohne Geschwindigkeitsrausch. Dort, wo die Krimmler Wasserfälle rauschen, ist der Ausgangs- oder Endpunkt einer der reizvollsten Fahrradtouren durch Österreich: Seit Herbst 1991 führt der 325 Kilometer lange Tauernradweg von Krimml bis Passau. Auf vorbildlich markierten Radwegen und verkehrsarmen Straßen nimmt er seinen Weg durch eine abwechslungsreiche Landschaft und überwindet dabei insgesamt nur 750 Meter Höhenunterschied. Nachdem er die Krimmler Wasserfälle (1076 Meter hoch) im Nationalpark Hohe Tauern hinter sich gelassen hat, schlängelt er sich immer entlang der Salzach durch den Pongau und den Tennengau nach Salzburg (425 Meter hoch) und weiter durch das sanft hügelige Alpenvorland bis zum Inn, an dessen Ufern er die deutsche Drei-Flüsse-Stadt Passau (313 Meter hoch) erreicht. Alternativ dazu können Sie der Salzach auch eine Weile untreu werden und bei Bruckberg Richtung Zeller See abbiegen, um entlang der Saalach durch das Pinzgau sowie durch das Berchtesgadener Land in die Mozartstadt zu gelangen.

Drei-Tage-Tour von Krimml nach Salzburg

Es bleibt Ihnen überlassen, ob Sie nur eine Etappe dieser Tour oder die gesamte Strecke zurücklegen wollen. Der folgende Vorschlag führt in drei Tagen von **Krimml** bis **Salzburg**, wobei 57 Tageskilometer eingeplant wurden.

Krimml

165

13,5 km

Neukirchen

Von Krimml aus radeln Sie am Rande des **Nationalparks Hohe Tauern** entlang der Salzach über **Rosenthal** mit seiner stattlichen Ruine Hieburg bis zum Eingang des Obersulzbachtals und weiter nach **Neukirchen**. Hier lohnt sich eine Grubenbefahrung durch das Schaubergwerk Hieronymusstollen, einem historischen Kupferbergbau aus dem 16. bis 19. Jahrhundert. Unter den Augen des Großvenedigers geht es dann weiter zum **Habachtal**, das berühmt ist für seine Smaragdfundstätten, und nach **Bramberg**, wo Sie das Heimatmuseum besuchen können. Nächste Station ist **Mittersill**, der Hauptort des Oberpinzgaus. Das Felberturm Museum gibt beispielhaft Einblick in das Leben und die Kultur der Menschen in den Hohen Tauern. Ein paar Kilometer weiter, in **Uttendorf**, zeigt das Nationalpark-Info-Haus, das täglich von 10 bis 12 Uhr geöffnet ist, eine Ausstellung über das Stubachtal. Nächster Haltepunkt ist Piesendorf, wo das Modell von »Perfellers Chinesenstadt« im Kulturraum des Gemeindeamtes den Besuch lohnt. Je nach Kondition können Sie in diesem Ort Ihr Nachtlager suchen. Oder Sie schwingen sich nochmals auf Ihren Drahtesel und und radeln weiter nach **Kaprun**. Die Stauseen Glockner–Kaprun bieten sich für eine Extratour allemal an.

Am nächsten Tag geht es dann nach **Bruck**, dem Ausgangspunkt zur Großglockner Hochalpenstraße. Unser Weg führt uns aber flussabwärts nach **Taxenbach**. Mit etwas Glück entdecken Sie wagemutige Rafter und Canyoning-Fahrer in der Kitzlochklamm. Für die Besichtigung der Tropfsteinhöhle und des Kitzlochfalls sollten Sie eine Stunde einkalkulieren. Auf dem Fahrrad geht es nun bis Lend, wo das Gasteiner Tal beginnt. Das lassen Sie aber rechts liegen und fahren, vorbei an einem imposanten Wasserfall der Gasteiner Ache, nach **St. Johann im Pongau**. St. Johann bietet sich als Übernachtungsort an, aber auch das neun Kilometer entfernte **Bischofshofen**. Von Bischofshofen führt ein Fußweg in 30 Minuten zur Ruine Bachsfall aus dem 12. Jahrhundert, die oberhalb des Gainfeldwasserfalles liegt. Gleich nebenan befindet sich auch die prähistorische Fundstätte Götschenberg, die mit den Resten einer Burg auch Zeugnis des Mittelalters gibt.

Die letzten 57 Kilometer zu Mozarts Heimatstadt werden etwas schweißtreibend, wenn Sie von **Werfen** aus einen Abstecher auf die Festung Hohenwerfen machen. Nicht entgehen lassen sollten Sie sich einen Gang durch die Eisriesenwelt, Europas größter Eishöhle, die ein Gesamtnetz von über 47 Kilometer umfasst.

Nach diesem Abstecher radeln Sie auf der Passstraße eine leichte Steigung bergauf zum **Pass Lueg**. Von hier ist es nur ein Katzensprung zu den so genannten Salzachöfen. Diese 1,5 Kilometer lange Klamm ist zu Fuß in 20 Minuten zu erreichen. Die Besichtigung der 100 Meter tiefen Salzachöfen dauert etwa 30 Minuten.

Ohne Anstrengung zum Ziel

Wer des Wanderns müde ist, darf sich auf eine herrliche Abfahrt hinunter nach **Golling** mit seinem Schloss freuen. Jetzt sind Sie endgültig über dem Berg. Über **Kuchl** gelangen Sie dann nach **Hallein**, das mit einer reizvollen, denkmalgeschützten historischen Altstadt aufwartet.

Weiter geht es durch das nun schon recht breite Salzachtal nach **Puch**, vorbei an Schlösschen und Edelsitzen, die allesamt schön anzusehen, aber selten zu besichtigen sind. Es lässt sich eben doch nicht jeder gerne hinter die Fassade blicken ...

Keine Berührungsängste hat da die Festung Hohensalzburg, die die Salzburger Altstadt mit ihren großen Plätzen und verwinkelten Gassen überragt. Sie stellt sich auch als Wegweiser unübersehbar zur Schau. Den schönsten Blick auf das Prunkstück hat man übrigens direkt vom Tauernradweg aus.

Weitere Informationen enthält der Radwegführer **Tauernradweg. An Salzach und Saalach**: genaue Karten mit Kilometerangaben, Adressen radfreundlicher Betriebe, Campingplätze, Radverleihstellen und anderes mehr. Er ist für 8,5 € erhältlich bei **Salzburger Land**

Postfach 1, 5300 Hallwang; Tel. 06 62/66 88-0, Fax 66 88-66; e-mail: info@szgtour.co.at
Individuelle sowie geführte Touren sind auch bei diversen Radreiseveranstaltern zu buchen.

Dauer: 3 Tage; **Karte:** → S. 109/112/114/115/116/117

Seentour durch das Alpenvorland

Hier weilten große Literaten gerne zur Sommerfrische. Start frei für die Seentour vorbei am Waller-, Matt-, Obertrumer und Grabensee auf dem Drahtesel. Die knapp 100 Kilometer sind mit kleinen grünen Richtungstafeln ausgeschildert, die die Aufschrift »Salzburger Alpenvorland« tragen und eindeutig den Weg weisen. Wählen Sie für diese Radwanderung das Frühjahr oder den Herbst, denn im Sommer ist Hochsaison in der nahe gelegenen Mozartstadt und das Seengebiet von Ausflüglern überflutet. Start und Ziel dieser Tour ist Salzburg.

Die sanften Steigungen zwischen den Seen sind absolut familienfreundlich.

Hier gibt's sogar ein eigenes Menü für Radfahrer.

Der gesamte Streckenverlauf passiert die Orte **Eugendorf, Seekirchen am Wallersee, Henndorf am Wallersee, Neumarkt am Wallersee, Schleedorf, Berndorf, Nußdorf, Michaelbeuern, Lamprechtshausen, St. Georgen, Oberndorf, Anthering** und **Bergheim**.

Bei unserem Tagesausflug sind insgesamt 42 Kilometer zu radeln. Wir treffen dabei auf Spuren großer Literaten wie Carl Zuckmayer, Ödön von Horváth und Thomas Bernhard, die allesamt in Beziehung zum Etappenziel Henndorf am Wallersee standen.

Die Zuckmayer-Wanderung zeigt auch dessen Privatbesitz.

Wer sich lieber noch ein bisschen freistrampeln möchte, fährt nach Seekirchen am Wallersee. Von hier aus soll der heilige Rupert die Besiedelung des Landes um 700 begonnen haben. Über Schleedorf mit seinen stattlichen Bauernhöfen erreichen Sie Mattsee, um dort einen der köstlichen Seefische zu probieren, eine wohlverdiente Pause einzulegen und zu baden.

Am Mattsee schmecken die gegrillten Fische besonders lecker.

Auskunft:

Fremdenverkehrsverband Henndorf am Wallersee, 5302 Henndorf; Tel. 0 62 14/60 11 ■ E 1, S. 109

Fremdenverkehrsverband Straßwalchen, 5204 Straßwalchen; Tel. 0 62 15/64 20, Fax 4 20 20 nördlich ■ E 1, S. 109

Dauer: 1 oder 2 Tage; **Karte:** → S. 108/109

Zum Gipfel des Hochkönig

Das Hochkönig-Massiv gilt als die schönste Gebirgsgruppe der Nordalpen.

Das »ewige Schneegebirge« ist Heimat vieler Sagen und Legenden. Eine Berglandschaft voller Kontraste hält der Pinzgau bereit: Im Norden stößt er an schroffe Kalkmassive, im Süden reicht er bis zu den eisbedeckten Dreitausendern der Hohen Tauern, und dazwischen weiten sich sanfte Täler, die von grasbedeckten Bergen gesäumt werden.

Wanderwege verschiedener Schwierigkeitsgrade

Die Erstbesteigung war um 1830, doch Kondition für den Gipfelsturm ist auch heute noch gefragt.

Wir wollen hinauf auf den Gipfel des Hochkönigs (2941 Meter), der zwischen den wilden Kalkfelsen der Berchtesgadener Alpen und den sanften Kuppen der Salzburger Schieferalpen liegt. Wanderfreunde können sich unter mehreren Routen diejenige aussuchen, die ihrer Kondition und ihrem Können am besten entspricht.

Die von uns gewählte Tour ist zwar gemütlich, erfordert aber eine gute Kondition und Trittsicherheit. Zum Ausgangspunkt, dem **Arthurhaus bei Mühlbach** (1502 Meter), gelangen Sie mit dem Bus oder dem eigenen Wagen. Der Hochkönig-Wanderbus verkehrt von Juni bis Oktober täglich von Maria Alm über Hinterthal, Filzensattel, Dienten, Dientnersattel, Mühlbach/Hochkönig und Arthurhaus nach Bischofshofen und zurück. Eine halbe Stunde geht es vom Arthurhaus aus bergauf zur Mitterfeldalm (1669 Meter), dem letzten Posten im begrünten Weideland. Der weitere Weg führt durch eine vegetationslose Karstlandschaft, vorbei an der imposanten Torsäule (2587 Meter) über den Ochsenkar und Schartensteig hinauf zum Plateaugletscher der **Übergossenen Alm** im Südosten des Steinernen Meeres. Unerwartet mühsam gestaltet sich schließlich noch der Weg über die Firn- und Geröllfelder. Die letzte Steilstufe, die Sie von Ihrem Ziel trennt, überwinden Sie gefahrlos über eine Leiter. Im **Matrashaus** auf dem Gipfel des Hochkönigs kann man übernachten und bei entsprechender

Witterung einen traumhaften Sonnenunter- oder Sonnenaufgang erleben. Und vielleicht erzählt man Ihnen hier ja eine der zahlreichen Sagen, die sich um die Berge und ihre Bewohner spinnen: Schöne Mädchen lebten in der Einsamkeit, wo ihre Fantasie seltsame Blüten trieb. Kühe bekamen goldene Glocken, die jungen Männer wurden mit Wein bewirtet. Als sie dann einem müden Wanderer die Gastfreundschaft verwehrten, war das himmlische Strafgericht mit seiner Geduld am Ende. Es verwandelte die grünende Alm in wenigen Stunden in ein Schneefeld, unter dem die leichtsinnigen Mädchen bis heute begraben sind. Sagt die Sage.

Gipfelglück: Vom frei stehenden Bergstock hat man freie Sicht.

Auskunft:
Fremdenverkehrsverein Mühlbach am Hochkönig C 12, S. 112
5505 Mühlbach; Tel. 0 64 67/72 35-0, Fax 78 11

Dauer der Wanderung: 5–7 Stunden (in eine Richtung)

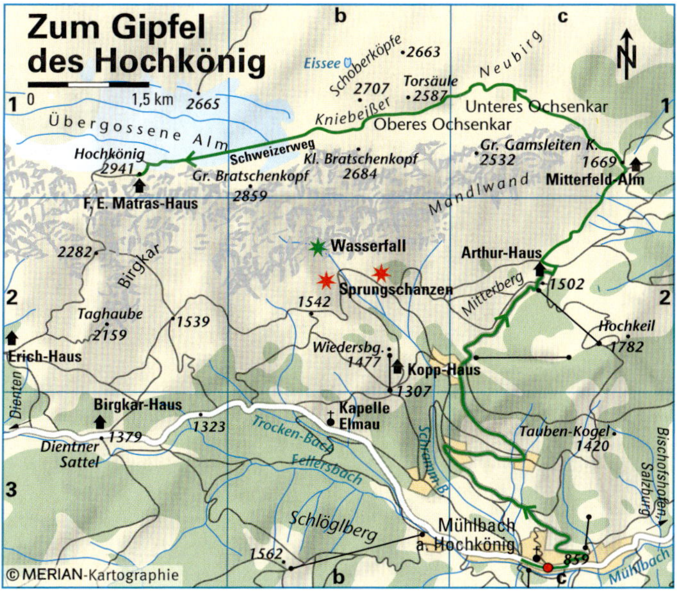

Auf Panoramawegen im Großarltal

Gemütlich wandern auf den Höhen eines der längsten Täler in den Hohen Tauern. Das Großarltal im Herzen des Pongaus ist das östlichste der Tauerntäler, die fast genau parallel zueinander vom Tauernhauptkamm zur Salzach führen. 36 Wegkilometer sind es bis zum Talschluss. Es lohnt auf alle Fälle, sich hier ein paar Tage Zeit zu nehmen und in 1500 bis 2000 Metern auf herrlichen Panoramawegen über lang gestreckte grasbewachsene Bergrücken zu marschieren. Übernachtet wird unterwegs bei Almbauern, wo man noch für 10 € ein Dach über dem Kopf inklusive Frühstück bekommt. Ob auf einer der über 30 bewirtschafteten Almen auch wirklich Platz zum Übernachten vorhanden ist, sollten Sie allerdings vorher beim Fremdenverkehrsverband klären.

Zu Gast auf der Alm: Die Bauern bieten einfache Quartiere.

Unsere Tour, für die wir zwei Tage einkalkuliert haben, führt in etwa zehn Stunden reiner Gehzeit von **Großarl** (924 Meter) zur Filzmoosalm; von dort weiter über den Tappenkarsee (2380 Meter), dem größten Gebirgssee der Ostalpen, nach Hüttschlag (1030 Meter). Ausgangspunkt ist der **Marktplatz in Großarl**. Die Ellmaustraße geleitet Sie zum Almweg, der bei gemütlichem Tempo in zweieinhalb Stunden zur **Filzmoosalm** (1710 Meter) führt. Hier, am Ziel der ersten Etappe, haben Sie bereits 800 Höhenmeter überwunden und können nun getrost Ihr Nachtlager aufschlagen.

Auch die zweite Etappe verläuft zum größten Teil auf Bergpfaden mit mäßiger Steigung. Erstes Ziel ist das Karteistörl, etwa 400 Meter höher gelegen als die Filzmoosalm und rund 200 Meter über dem Tappenkarsee, zu dem Sie nun absteigen. Drei Kilometer lang ist der Gebirgssee, 300 bis 500 Meter breit und bis zu 100 Meter tief. Ein herrliches Panorama tut sich auf: Rothorn, Wildkarhöhe, Weißgrubenkopf. Nach etwa zweieinhalb Wanderstunden erreichen Sie die **Kletten-Alm** (1757 Meter). Hier wird unter anderem der Pongauer Sauer-

Der Tappenkarsee ist umrahmt von der Kulisse der Niederen Tauern.

käse hergestellt. Zu den optischen Genüssen zählt der Blick auf die Dreitausender der Hohen Tauern, die mit ihren schneeglänzenden Spitzen herübergrüßen. Im Norden erstreckt sich das Massiv der Kalkalpen vom Wilden Kaiser bis zum Dachstein.

Auf der Kletten-Alm kann man der Bäuerin beim Käsen zuschauen.

Ein mäßig steiler Almweg führt hinunter nach **Karteis**. Auf der Großarler Landesstraße wandern Sie noch etwa fünf Kilometer weiter. Dann erreichen Sie Hüttschlag. Von dort bringt Sie der Postautobus zurück nach Großarl.

Auskunft:
Tourismusverkehrsverband Großarl ■ a 1
6511 Großarl; Tel. 0 64 14/2 81
oder beim
Tourismusverband Hüttschlag ■ a 3
6512 Hüttschlag; Tel. 0 64 17/2 04
Wanderkarte: »Gasteiner Tal«, Wagrain, »Großarltal« von Freytag & Berndt, Nr. WK 191, Maßstab 1:50 000

Dauer: 2 Tage

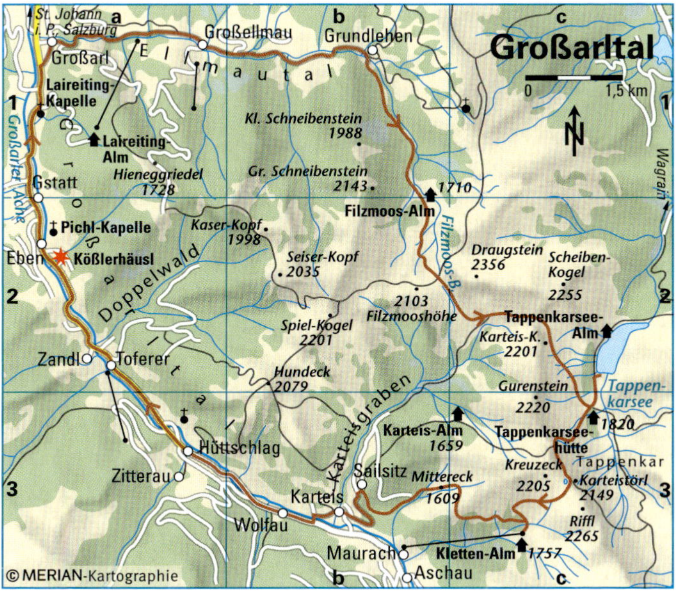

Wandern auf dem neuen Arnoweg

Der Salzburger Rundwanderweg verbindet die landschaftlichen und kulturellen Höhepunkte zwischen dem Salzkammergut und den Hohen Tauern.

Der Arnoweg führt von **Salzburg** (Start- und Endpunkt: der Salzburger Dom) über den **Untersberg** und den **Königssee** nach **Saalfelden** und weiter über die **Pinzgauer Grasberge** nach **Krimml.** Hier geht es an den Krimmler Wasserfällen vorbei über die Hohen Tauern nach **Bad Gastein** und in die **Lungauer Gras-** und **Nockberge**.

Der Jubiläumswanderweg besteht seit 1999.

Von Tamsweg gelangt man über die Niederen Tauern nach **Radstadt** und über **Abtenau**, das **Zwölferhorn** und **Thalgau** nach **Irrsdorf** bei Straßwalchen. Den Abschluss bildet die so genannte »Flachgaurunde«, die die Wanderer über das Salzburger Alpenvorland wieder zurück zum Ausgangspunkt nach Salzburg führt.

Die etwa 800 Kilometer lange Hauptstrecke und die rund 400 Kilometer langen Strecken, die davon abzweigen, wurden einheitlich ausgeschildert. Da der Adler das Wappentier des Erzbischofs war, ergänzt der König der Lüfte nun den Schriftzug auf den neuen Wegweisern.

Gletscherquerungen sind nur für Profis zu empfehlen!

Die Route des Arnoweges wurde so gewählt, dass sie – mit Ausnahme einer Variante in den Hohen Tauern – durchwegs über Wege führt, die für ausdauernde Wanderer ohne Hochgebirgserfahrung leicht begehbar sind, obwohl an einigen Stellen Trittsicherheit und Schwindelfreiheit erforderlich sind.

Auskunft:
Salzburger Land Tourismus GmbH ■ D 2, S. 109
Postfach 1, 5300 Hallwang; Tel. 06 62/66 88-0

Dauer: je nach Lust und Laune; **Karte:** → S. 108/109/112/113/114/115/116/117/118/119

Pferdetrecking im Pongau

Früher wurden entlang der Saumpfade Waren transportiert, heute sind hier Freizeitreiter unterwegs. Wenn für Sie das Glück der Erde auf dem Rücken der Pferde liegt, dann unternehmen Sie doch eine Almwanderung hoch zu Ross. Einige Reiterhöfe bieten geführte Touren auf diesen alten Säumerpfaden an. Die hier beschriebene Tour von Bad Hofgastein durchs Angertal hinauf zu den Gadauner Hochalmen oberhalb von Badgastein ist für erfahrene Reiter völlig unproblematisch – und für Einsteiger ein ideales Schnupperangebot.

Im Westernstil geht es durch das Angertal.

Fünf Stunden dauert der recht gemütliche Aufstieg. Nach etwa einer Stunde erreichen Sie die **Angeralm**, wo Sie sich bei einer Jause für die anschließende Bachdurchquerung stärken können. Nun bahnt sich der Saumpfad unaufhaltsam seinen Weg nach oben. Nach fast 1000 Höhenmetern gelangen Sie zu den gut 2000 Meter hoch liegenden **Gadauner Hochalmen**. Station für das Nachtlager. Die Pferde werden abgesattelt, gefüttert und getränkt.

Auf den Gadauner Hochalmen ist das Tagesziel erreicht.

In der Almhütte wartet bereits ein deftiges Abendessen. Bevor sich die Wanderreiter im Schlafraum aufs Matratzenlager begeben, wird noch eifrig gefachsimpelt. Am frühen Morgen geht es weiter in Richtung **Schloss-Alm** und anschließend auf einer gemütlichen Forststraße wieder bergab nach **Bad Hofgastein** und zum Heimatstall, dem Oberhaitzinggut.

Das Matratzenlager ist zwar einfach, aber nach einem anstrengenden Ritt durchaus erholsam.

Auskunft:
Islandpferdehof Oberhaitzinggut
Familie Mathias Schock
Weinetsberg 32, 5630 Bad Hofgastein;
Tel. 0 64 32/67 70, Fax 0 64 32/3 48 44;
www.gasteinertal.com/reitzentrum

■ C 19, S. 116

Dauer: 2 Tage; **Karte:** → S. 116

Alles auf einen Blick – von A wie Anreise bis Z wie Zoll und dazu noch einen extra Einblick in die Geschichte. Ein Kartenatlas sowie ein Register helfen, den Überblick zu behalten.

Das Herzstück von Salzburgs Altstadt ist die Getreidegasse, die entsprechend gut besucht ist (→ S. 30).

Das Salzburger Land von A–Z

Anreise und Ankunft

Salzburg und das Salzburger Land erreicht man problemlos. Gut ausgebaute Autobahnstrecken führen aus allen Teilen Deutschlands und der Schweiz in diese Region. Doch gerade in der Urlaubszeit und an verlängerten Wochenenden sind sowohl die Strecken vom Norden nach München als auch von dort Richtung Salzburg chronisch überlastet. Meldungen von kilometerlangen Staus am Hofoldinger Forst und dem Irschenberg sind dann an der Tagesordnung. Warum also nicht mal mit dem Zug anreisen? In Salzburg-Stadt ist es ohnehin schwierig, einen Parkplatz zu finden. Zudem sind alle Sehenswürdigkeiten gut zu Fuß zu erreichen. Und im umgebenden Land ist die Infrastruktur mit Postbussen, der Österreichischen Bundesbahn und der Salzburger Stadtbahn so gut ausgebaut, dass es eigentlich keine Schwierigkeiten gibt. Hoteliers, Gastwirte und Fremdenverkehrsverbände holen als Service ihres Hauses beziehungsweise ihres Ortes die Gäste von Bahnstationen sowie Bushaltestellen ab.

Mit dem Auto

Die kürzeste Strecke von Deutschland nach Salzburg führt über München. Auf der A 8 erreicht man von dort aus nach knapp 140 Kilometern Salzburg. Zürich trennen 450 Kilometer von der Mozartstadt. Autofahrer benötigen den nationalen Führerschein, die nationale Zulassung und ein Nationalitätenkennzeichen (D, CH). Pflicht sind auch ein Verbandskasten und ein Warndreieck. Die grüne Versicherungskarte ist empfehlenswert. Es besteht Gurtpflicht. Die Promillegrenze liegt bei 0,5. In Österreich gilt ein Tempolimit von 130 km/h auf Autobahnen, von 100 km/h auf Landstraßen, von 50 km/h im Ortsbereich (sofern keine andere Geschwindigkeit angegeben ist).

Auf allen österreichischen Autobahnen besteht Vignettenpflicht. Darüber hinaus sind einige Straßen noch extra mautpflichtig: die Tauernautobahn zwischen Flachauwinkel und Rennweg, die Gerlosstraße, die Felbertauernstraße, Großglockner Hochalpenstraße, Gasteiner Alpenstraße auf das Naßfeld, Postalmstraße und einige kleinere Bergstrecken.

Wichtig: Bei extremen winterlichen Straßenverhältnissen besteht Kettenpflicht. Ketten sollten Sie deshalb zwischen Spätherbst und dem Frühjahr immer im Kofferraum haben. Über die aktuelle Straßenlage informiert der ÖAMTC stündlich im Österreichischen Rundfunk bei den Sendern Ö3, Radio Salzburg und Melody FM.

Mit dem Zug

Salzburg ist internationaler Eisenbahnknotenpunkt. Die Stadt liegt auf der Nord-Süd-Strecke von Deutschland über Italien in die Balkanländer und an der West-Ost-Verbindung von Frankreich über die Schweiz nach Ungarn. Die Fahrtzeit Frankfurt–Salzburg beträgt beispielsweise etwa fünf Stunden, von München im Eurocity zirka eineinhalb Stunden, von Zürich rund sechs Stunden. Autoreisezüge verkehren von Düsseldorf-Hauptbahnhof, Köln-Deutz, Wien und Feldkirch nach Salzburg.

Mit dem Flugzeug

Der Flughafen Salzburg W. A. Mozart wird von Frankfurt direkt mit dem Lufthansa Star Alliance-Partner Tyrolean Airways (VO) angesteuert. Die Verbindungen von den anderen deutschen Flughäfen Berlin, Dresden, Düsseldorf, Hamburg, Leipzig und Stuttgart laufen alle über Frankfurt. Von Wien fliegt ebenfalls die Tyrolean Airways nach Salzburg. Zürich ist mit Salzburg via Swissair verbunden. Der Flughafen von Salzburg liegt etwa 6 km südwestlich der Stadt.

Oben: Nicht jedermanns Sache ist das Klettern in der Steilwand.

Mitte: Im Nationalpark Hohe Tauern (→ S. 50).

Unten: In den Hohen Tauern trifft man mit viel Glück auf das seltene Alpenmurmeltier.

Die Innenstadt erreichen Sie von dort entweder mit dem Taxi (rund 10 €) oder mit dem Bus Linie 77 (alle 15 Minuten zum Hauptbahnhof, einfache Fahrt 1,5 €). Wer dennoch nicht auf den eigenen fahrbaren Untersatz verzichten will, kann direkt am Flughafen einen Leihwagen anmieten.

Weitere Informationen dazu gibt die Salzburg-Informationsstelle am Flughafen unter Tel. 06 62/85 20 91 oder 85 12 11; www. salzburg-airport.com.

Auskunft

In Salzburg
Salzburg Information/
Salzburg Congress ■ b 1
Auerspergstr. 6/7, 5020 Salzburg;
Tel. 06 62/8 89 87-0, Fax 8 89 87-66

Büros auch am
– Mozartplatz 5 ■ e 4
– Hauptbahnhof (Bahnsteig 10)
– Münchner Bundesstr. 1

Salzburger Land Tourismus GmbH
Postfach 1, 5300 Hallwang; ■ D 2, S. 109
Tel. 06 62/66 88-0, Fax 66 88-66

Im Salzburger Land
In allen Orten mit Fremdenverkehrsbüros – und die sind in Salzburg und im Salzburger Land zahlreich vorhanden – erhalten Sie Auskunft über die jeweilige Ortschaft bzw. über die Region.

In Deutschland
Österreich Werbung
Rotwandweg 4, 82024 Taufkirchen;
Tel. 0 89/66 67 1-0

In der Schweiz
Österreich Werbung
Zweierstr. 146, 8036 Zürich;
Tel. 01/4 51 15 51, Fax 4 51 11 80

Bauernherbst

Seit 1996 machen die Salzburger »mehr Lust aufs Land«. 80 Orte in allen Regionen, vom Alpenvorland bis in den Nationalpark Hohe Tauern, vom Lungau bis ins Salzkammergut, feiern von Ende August bis Ende Oktober den so genannten »Bauernherbst«. Auf Bauernmärkten und Bauernherbstfesten gewinnt man jede Woche in mehreren Orten Einblick in die traditionelle Kultur und das bäuerliche Leben. Die landwirtschaftlichen Produkte spiegeln das vielfältige Angebot der jeweiligen Region wider. Die Salzburger Bauern haben bei diesen Veranstaltungen die einmalige Gelegenheit, ihre Produkte, die sie gerade frisch von den Feldern geerntet haben, direkt zu vermarkten. Daneben wird bäuerliches Handwerk vorgeführt und Kunsthandwerk angeboten.

Die heimischen Gasthäuser haben sich ebenfalls mit den herbstlichen Köstlichkeiten der Region bestückt: Knofelkas, Bauerngeselchtes, Moosbeernudeln und Apfelradl stehen auf den Speisekarten. Informationen zu den einzelnen Veranstaltungen bei Salzburger Land Tourismus GmbH (→ Auskunft).

Bevölkerung

Mit gut einer halben Million Einwohnern stellt das Bundesland Salzburg (7154 qkm Größe) etwa 6,3 Prozent der österreichischen Gesamtbevölkerung. Rund 144 000 Menschen leben in der Stadt Salzburg. Am dichtesten besiedelt ist der Raum Salzburg/Hallein sowie der Flachgau und der Tennengau. Die Salzburger sind bairischer Herkunft und sprechen überwiegend eine mittelbairische Mundart, sieht man von den Minderheiten aus Kroatien, Slowenien, Ungarn und Tschechien einmal ab. Von Landschaft zu Landschaft haben sich jedoch im Laufe der Zeit regionale Besonderheiten herausgebildet. Gut 80 Prozent der Bevölkerung bekennen sich zum römisch-katholischen Glauben, und nur 3,5 Prozent sind Protestanten. Das hat seinen Grund in der Geschichte. Im von Erzbischöfen regierten Salzburg fanden die Reformen Luthers wenig Gehör. Seine Anhänger wurden im Zug der Gegenreformation entweder verfolgt, zum Glaubenswechsel gezwungen oder des Landes verwiesen.

Camping

60 Campingplätze stehen im Land Salzburg für Touristen zur Verfügung, die lieber im Grünen als im Hotelzimmer zu Hause sind. Allein die Stadt Salzburg besitzt fünf im Stadtbereich. Bei der Österreich-Werbung oder bei der Salzburger Land Tourismus GmbH (→ Auskunft S. 94) sind ausführliche kostenlose Verzeichnisse und weitere Informationen erhältlich.

Diplomatische Vertretungen

In Deutschland
Österreichische Botschaft
Stauffenbergstr. 1, 10785 Berlin;
Tel. 0 30/20 28 70, Fax 0 30/2 99 05 69

In der Schweiz
Österreichische Botschaft
Kirchenfeldstr. 28, 3005 Bern;
Tel. 0 31/3 51 01 11

In Österreich
Honorarkonsulat der Bundesrepublik Deutschland ■ b 4
Bürgerspitalplatz 1, 5020 Salzburg;
Tel. 06 62/84 15 91-0, Fax 84 15 91 85

Schweizer Botschaft
Prinz-Eugen-Str. 7, 1030 Wien;
Tel. 02 22/79 50 50, Fax 7 95 05-21

Schweizerische Konsularagentur
südöstlich ■ f 6
Alpenstr. 85, 5020 Salzburg;
Tel. 06 62/62 25 30, Fax 62 35 81-30

Einkaufen

Unweigerlich wird man in der Geburtsstadt des Komponisten an allen Ecken an ihn erinnert. Die Auslagen in den Feinkost-, Delikatessen- und Lebensmittelgeschäften tun ein Übriges dazu. Denn nicht nur die süße Kugel wurde nach Mozart benannt. Weit gefehlt. Der berühmte Wolfgang Amadeus stand auch Pate bei Talern, Kaffee, Likör und anderem mehr.

Typische Mitbringsel
Als Mitbringsel macht sich Mozart natürlich immer gut. Aber wer sich schon in dieser Region aufhält, der sollte auch all die anderen landestypischen Erzeugnisse auf keinen Fall versäumen: Loden- und Trachtenstoffe – verarbeitet zu schicken Kleidern, Anzügen und Mänteln –, Trockenblumensträuße, Hinterglasbilder mit religiösen Motiven, bemalte Möbel und Antiquitäten aus bäuerlichen Haushalten. Aus dem benachbarten Oberösterreich werden die »Goiserer« importiert – besonders strapazierfähige Schuhe, die sich auch zum Wandern eignen. Sie werden in Bad Goisern im Salzkammergut in Handarbeit gefertigt.

Einkaufen ab Fabrik
Wer es auf Schnäppchen abgesehen hat, ist bei folgenden Adressen gut aufgehoben: In Grödig, etwa 8 km südlich von Salzburg, in der Hauptstraße 8, wandern bei der Firma Mirabell (geöffnet Montag bis Donnerstag 7 bis 12.45 Uhr sowie 13.30 bis 16.45 Uhr, Freitag 7 bis 14.45 Uhr) Süßigkeiten wie die Mozartkugel oder andere Schokoladenstückchen bis zu 50 Prozent billiger als üblich über den Ladentisch.

Hochwertige Sportbekleidung bei 30-prozentiger Ermäßigung verspricht Oswald Schneider in der Hauptstraße 42 in Pongauer Altenmarkt (geöffnet Montag bis Freitag 8 bis 12 Uhr sowie 14.30 bis 18 Uhr, Samstag 8.30 bis 12 Uhr), westlich von Radstadt an der B 99.

Aber nicht nur kulinarische Gerüche durchziehen die Luft. Als Salzburger Besonderheit werden hier auch wohlriechende Gewürzsträuße und -gestecke angeboten. Die in mühevoller Handarbeit gefertigten Arrangements vereinen den Duft von Zimt, Vanille und Nelken zu einem harmonischen Ganzen. Ihre besondere Tugend: Sie halten eine kleine Ewigkeit.

Original Salzburger Loden, ebenfalls um 30 Prozent reduziert, finden Sie bei Höttl Loden und Trachtenstube, Ritzensee Straße 11, in Saalfelden (geöffnet Montag bis Freitag 9 bis 12 und 14 bis 18 Uhr, Samstag 9 bis 12 Uhr), 12 km nördlich von Zell am See. Ein paar Meter weiter, in der Anton-Wallner-Straße 4, verkauft die Firma Edith Moser Pinzgauer Trachtenmode bis zu 50 Prozent günstiger (geöffnet Dienstag bis Freitag 8 bis 12.30 und 13 bis 17.30 Uhr, Samstag 8 bis 11.30 Uhr).

Schuhfreaks kommen bei Elisabeth Schuhe, Passauer Straße 128, in Mattsee, etwa 20 Kilometer nordöstlich von Salzburg, auf ihre Kosten. Bis zu 50 Prozent billiger werden hier vor allem Damenschuhe im klassischen Stil offeriert (geöffnet Montag, Dienstag, Donnerstag und Freitag von 14 bis 18 Uhr, Samstag von 8 bis 12 Uhr).

❗ MERIAN-Tipp

Grünmarkt Gleich hinter der Schranne in Salzburg befindet sich der kleine Grünmarkt aus Holzhütten, eine Alternative zum turbulenten Schrannenmarkt. Am bauchigen Ende des Universitätsplatzes bieten Händler aus Stadt und Land an Werktagen von 6 bis 19 Uhr, samstags von 6 bis 13 Uhr von knackigen Bauernäpfeln über exotische Früchte und Gemüse bis hin zum deftigen Schweinsbraten oder zu eisgekühlten Meeresfrüchten eine Vielfalt feil, die das Herz eines jeden Gourmets höher schlagen lässt. Für den Grünmarkt ist sich übrigens auch die bessere Gesellschaft nicht zu fein ... ■ c 4

Einkaufsparadies Salzburg

In rund 400 Geschäften findet man nahezu alles, was das Herz begehrt: angefangen bei Designermoden über Trachtenmoden bis hin zu Antiquitäten, Schmuck, Büchern oder CDs. Die Hauptgeschäftsbereiche liegen im Stadtzentrum links und rechts der Salzach, vor allem in der Getreide-, Juden- und Kaigasse, auf dem Mozartplatz und dem Alten Markt, in der Linzer Gasse sowie auf dem Makart- und Mirabellplatz. In der größtenteils zur Fußgängerzone erklärten Altstadt stört kein Auto den gemütlichen Schaufensterbummel.

Markttage

Nicht nur Einheimische, sondern auch Touristen nutzen gern die regelmäßig stattfindenden Märkte, von denen es mehrere in der Mozartstadt gibt. So herrscht zum Beispiel jeden Donnerstag von 5 bis 13 Uhr ein buntes Treiben rund um die Andräkirche beim Schrannenmarkt. Neben Obst und Gemüse, Fleisch, Blumen und Honig aus der Region werden hier auch Handarbeiten angeboten. Frische Backhendl, heiße Würstel oder bodenständige Mehlspeisen wie

Buchteln, gebackene Mäuse oder Pofesen verströmen hier ihre verführerischen Düfte.

Bauernmärkte
Außer dem Schrannenmarkt gibt es Bauernmärkte, auf denen Spezialitäten des Landes feilgeboten werden. Als feste Einrichtung öffnet der Biobauernmarkt ganzjährig jeden Mittwoch von 8 bis 12 Uhr im Shopping Center Süd in der Alpenstraße 107 seine Pforten; ebenso die Biobauernmärkte der Erzeuger-Verbraucher-Initiative EVI am Mirabellplatz (donnerstags 8 bis 12.30 Uhr) und am Pagodenplatz (freitags 8 bis 13 Uhr).

Märkte gibt es in der Regel einmal wöchentlich auch in allen größeren Orten »draußen« im Salzburger Land.

Öffnungszeiten
Die Geschäfte sind im Allgemeinen Montag bis Freitag von 8 bis 18 oder 18.30 Uhr, an Samstagen von 8 bis 12 oder 12.30 Uhr geöffnet. Am ersten Samstag im Monat schließen die Läden um 17 Uhr. Man gibt sich jedoch flexibel. In manchen Orten ist mit einer ein- bis zweistündigen Mittagspause zu rechnen. In Salzburgs Zentrum öffnen die Geschäfte während der Festspielzeit mitunter auch an Samstagnachmittagen ihre Pforten.

Überhaupt hat man sich in der Stadt auf die Bedürfnisse der Besucher, aber auch der Einheimischen eingestellt. So sind hier die Geschäfte in der Regel unter der Woche durchgehend und gelegentlich auch bis um 19.30 Uhr geöffnet.

Feiertage

Banken, Büros und Geschäfte haben an folgenden Feiertagen geschlossen:

Neujahrstag
6. Jan. Dreikönigstag
Ostermontag
1. Mai Tag der Arbeit
Christi Himmelfahrt
Pfingstmontag
Fronleichnam
15. Aug. Mariä Himmelfahrt
26. Okt. Nationalfeiertag
1. Nov. Allerheiligen
8. Dez. Mariä Empfängnis
25. und
26. Dez. Weihnachten

Feste und Festspiele

Bunt und abwechslungsreich gestalten sich die zahlreichen Sommer- und Seefeste, Musik-, Kirchen- und Brauchtumsveranstaltungen, die sich durch das ganze Salzburger Land ziehen.

Traditionell eröffnen zum Beispiel im Tennengau und im Flachgau die Prangerstutzenschützen mit Getöse jedes Fest. Im Lungau tanzt der Riese Samson. Neue Wege geht man in Zell am See, wo 1996 erstmals der Vorhang auf der neuen Musical-Seebühne aufging. Hier lockt seitdem das Musicalfestival »Kunstwasser Zell am See Kaprun« Interessierte an.

Die Mozartstadt hebt sich vom ländlichen Festkalender schon durch den berühmten Ruf »Jeeederrrmaaan« ab, der seit 1920 bei den Salzburger Festspielen über den Domplatz hallt. Die Salzburger Schlosskonzerte würdigen mit jährlich über 250 Veranstaltungen im Schloss Mirabell und in der fürstbischöflichen Residenz Werke berühmter Komponisten. Auch auf der Festung finden Konzerte statt. Und – nicht zuletzt – hat Salzburg sich einen Namen als Tagungs-, Kongress- und Messestadt gemacht.

Januar/Februar
Mozartwoche
Internationale Künstler und renommierte Orchester präsentieren gegen Ende des Monats zehn bis zwölf Tage lang Werke Mozarts.

März/April
Osterfestspiele
Herbert von Karajan rief die Osterfestspiele ins Leben, die aus zwei Aufführungszyklen mit je einer Oper, einem Oratorium und zwei Orchesterkonzerten bestehen.

Mai/Juni
Pfingstkonzerte
Auch die Pfingstkonzerte gehen auf das Konto von Herbert von Karajan. Bestritten werden sie jedes Jahr von einem anderen Orchester internationalen Rangs.

Palmeselritt in Hintersee
Brauchtum wird in dem 400-Seelen-Dorf Hintersee hochgehalten. So reitet hier am Palmsonntag der dienstälteste Ministrant auf dem Palmesel durch den Ort, ein Brauch, der in abgewandelter Form nur noch in Puch bei Salzburg und im Lungau gepflegt wird.

! MERIAN-Tipp

Der Riese Samson tanzt im Lungau Sein Tänzchen wagt die bis zu sechs Meter hohe und rund 80 Kilogramm schwere Figur, die von einem einzigen Mann getragen wird, an Fronleichnam oder im Sommer in Mauterndorf, St. Michael, Muhr, Tamsweg, Ramingstein, Lessach, Mariapfarr und in Unternberg. Meist ist der Riese Samson in Begleitung zweier großköpfiger Zwerge. Wann er wo genau unterwegs ist, erfährt man bei der Ferienregion Lungau, 5582 Lungau; Tel. 06477/8988
■ C 22–D 23, S. 118/119

Juni
Chorfestival
Seit 1995 ist Salzburg Bühne für eine der größten Chorveranstaltungen Österreichs. Hunderte von Chören wetteifern bei einem Wertungssingen im Kongresshaus, dem ein Gemeinschaftssingen auf dem Domplatz folgt.

Juli
Rangeln auf dem Hundstein
Gerangelt wird auf dem 2117 m hohen Hundstein immer am ersten Sonntag nach Jakobi. Wilde Kämpfe liefern sich die starken Rangler, die hier oben einem urtümlichen alpinen Kampfsport huldigen. Der Sieger im »Jakobi-Rangeln« darf ein Jahr lang den Titel »Hagmoar« tragen. Zu tausenden kommen die überwiegend einheimischen Zuschauer zu diesem Spektakel.
25. Juli

Juli/August
Salzburger Festspiele
Seit 76 Jahren ziehen sie von Mitte Juli bis Ende August wie ein Magnet zahlreiche Besucher aus aller Welt und unterschiedlichster Couleur in die Stadt: die Salzburger Festspiele. Dann steht auch die ganze Stadt Kopf: Die Geschäfte sind länger geöffnet, die Preise steigen, es ist schwieriger, eine Bleibe zu finden. Das Festival ist seit 1920, als Max Reinhardt »Jedermann« von Hugo von Hofmannsthal erstmals auf dem Domplatz in Szene setzte, facettenreicher geworden. Das Stück ist auch heute noch der Hit der Festspiele. Zu ihm gesellten sich aber im Laufe der Zeit wechselnde Theaterproduktionen und zahlreiche Konzerte sowie Opernaufführungen. 4

August
Fest in Hellbrunn
1970 wurde das Fest in Hellbrunn aus der Taufe gehoben. Seitdem findet

es Jahr für Jahr im Schloss und an verschiedenen Spielplätzen im Park statt. Geboten wird an den beiden ersten Wochenenden im August eine bunte Mischung aus Theater, Lesungen, Oper, Liederzyklen, Musik und Tanz.

»Kunstwasser Zell am See«
»Kunstwasser Zell am See Kaprun« heißt das reizvolle Musicalfestival, das seit 1996 im August unter freiem Himmel über die Seebühne geht, umrahmt von der Bergkulisse der Hohen Tauern.

Internationales Folk-Festival in Hallein
»Back to the roots«. Dieser Gedanke war federführend beim Konzept der Veranstalter des Internationalen Folk-Festivals Hallein, das 1988 erstmals über die Bühne ging. Musikstile aus Gegenden mit keltischer Tradition, aus Irland, Sardinien, Spanien, Ungarn oder Frankreich, werden hier zu Gehör gebracht.
Letztes Augustwochenende

Internationales Jazzfestival in Saalfelden
Seit 1978 treffen sich alle Jahre wieder im späten Sommer Musiker aus aller Herren Länder, um die neuesten Entwicklungen des zeitgenössischen Jazz vorzustellen.

Schifferstechen in Oberndorf
Ein Geschicklichkeitsspiel nach dem Vorbild mittelalterlicher Ritterturniere liefern sich jeweils am Samstag und Sonntag vor dem 15. August die Schiffergarde Oberndorf auf der Salzach beim Schifferstechen. Alle drei Jahre wird es von der aufwendig inszenierten Piratenschlacht ersetzt. (Nächster Termin: 2003)

September
Almabtrieb
Bunte Bänder, Blumenschmuck, Kuhglockengeläute: Der Almabtrieb an den Wochenenden im September (von Ort zu Ort verschieden) ist ein sehenswertes Spektakel. Ein großes Fest schließt sich an.

Oktober
Salzburger Kulturtage
Opern-, Musik- und Ballettfreunde kommen bei diesem Herbstfestival auf ihre Kosten, das seit 1972 während der letzten beiden Oktoberwochen als preisgünstige Alternative zu den Festspielen angeboten wird.

Dezember
Adventskonzerte
Adventskonzerte und Adventssingen lassen das Jahr ausklingen. Sie finden in vielen Orten statt und sind meistens mit einem Weihnachtsmarkt gepaart. Das berühmteste ist wohl das Adventssingen in Salzburg. Historisch angehaucht ist das in Oberndorf, wo das Weihnachtslied »Stille Nacht« einst entstand.

Geld

Seit dem 1. Januar 1999 sind die Umrechnungskurse zwischen den Währungen der Mitgliedsstaaten der Europäischen Währungsunion und dem Euro festgelegt. Preise sind in diesem Reiseführer durchgängig in Euro angegeben. Zur Erinnerung: 1 € = 1,95583 DM = 13,7603 öS = (Stand Juli 2001) 1,53 sFr. Mit dem 28. Februar 2002 wird auch in der Alpenrepublik nur noch mit Euro bezahlt. Bis dahin gelten für die Währungen der elf Mitgliedsländer der Europäischen Währungsunion – also auch für den österreichischen Schilling – feste Wechselkurse. Am besten wechseln Sie in Banken, da Hotels, Restaurants und Geschäfte normalerweise einen schlechteren Kurs anbieten. Die Banken sind Mo–Fr 8–12 Uhr und 14–17.30 Uhr geöffnet. Mit der Eurochequekarte und den meisten Kreditkarten erhalten Sie an Geldautomaten (= Bankomat) problemlos Bargeld. In Salzburg stehen Ihnen noch diverse Wechselstuben zur Verfügung, die auch außerhalb der normalen Banköffnungszeiten für Kunden da sind, zum Beispiel:

Bahnhof-Wechselstube
Südtiroler Platz 1; tgl. Sommer 7–21 Uhr, Winter 7.30–21 Uhr

Wechselstube Flughafen
Innsbrucker Bundesstr. 95;
tgl. 8–16 Uhr und Saisonregelung

Wechselstube Festungsbahn
Ostern/Pfingsten tgl. 11–17 Uhr, Juli/Aug. Mo–Fr 10.30–12.45 Uhr sowie 13.30–18.45, Sa und So 11–17 Uhr

Gastronomie- und Unterkunftsbetriebe sowie Geschäfte akzeptieren meist auch die gängigen Kreditkarten – und natürlich Eurocheque.

Internet

Die offizielle Homepage der Fremdenverkehrsbetriebe der Stadt Salzburg findet sich unter www.salzburg-info.at. Hier stellt sich die Stadt Salzburg als »Bühne der Welt« vor. Weiter geht es mit Links zu den Rubriken Kennenlernen, Hotels & Restaurants, Kultur & Veranstaltungen, Buchen & Kaufen und Info von A–Z. Hotelanfragen per Internet sind an hotels@salzburginfo.at. zu richten.

Unter der Adresse www.salzburg.com finden Sie die Startseite, die in die virtuelle Welt von Stadt und Land führt. Folgende Seiten lassen sich von hier aus mit einem Mausklick besuchen:
- Salzburger Nachrichten (globale Information)
- Stadt Salzburg (»Die schönste Stadt der Welt«)
- Salzburger Woche (regionale Information)
- Tourismus (alles rund um den Urlaub)
- Salzburger Land Tourismus (Urlaub im Salzburger Land)
- Marktplatz (Salzburg total)
- Salzburger Fenster (die Online-Ausgabe)
- Events (Veranstaltungen in Stadt und Land)

www.salzburg.com/SalzburgerLand führt gleich direkt auf die Homepage der Salzburger Land Tourismus Gesellschaft. Und noch ein Tipp für alle, die das Süße gar nicht mehr erwarten können: Unter www.mozartkugel.at. dreht sich alles rund um die leckere Kugel.

Nebenkosten in Euro

1 Tasse Kaffee	1,90
1 Bier (0,5 l)	2,60
1 Cola im Gasthaus	1,53
1 kg Schwarzbrot	2,32
1 Schachtel Zigaretten	2,70–3,10
1 Liter Normalbenzin	0,87
Fahrt mit öffentl. Verkehrsmitteln (Einzelfahrt)	1,60
Mietwagen/Tag	50,00

Stand: Oktober 2001

Jugendherbergen

Eine Alternative zu Hotels, Gasthöfen, Privatzimmern, Campingplätzen und Bauernhöfen bieten Jugendherbergen, derer es 24 im Land Salzburg gibt, fünf davon in Salzburg-Stadt. Gerade in der Hochsaison sind sie beliebte Ausweichquartiere. Es empfiehlt sich dann auch bei den Jugendherbergen eine Voranmeldung. Weitere Informationen:

ÖJHV-Salzburg östlich ■ f 5
Josef-Preis-Allee 18; 5020 Salzburg;
Tel. 06 62/84 26 74-0 sowie

ÖJHV-Salzburg ■ e 5
Kaigasse 26, 5020 Salzburg;
Tel. 06 62/84 11 65

Kartenvorverkaufsstellen

Polzer Kartenzentrale ■ d 4
Residenzplatz 3, Salzburg; Tel. 06 62/ 84 65 00, Fax 84 01 50; Mo–Fr 9–18, Sa 9–12.30 Uhr; Festspielzeit tgl. 8–20 Uhr

Salzburg Ticket Service GmbH ■ e 4
Mozartplatz 5, Salzburg; Tel. 06 62/ 84 03 10, Fax 84 24 76; Mo–Fr 9–18, Sa 9–12 Uhr; Filiale Sa geschl. Filiale im Mozart-Wohnhaus, Theatergasse 2

Kartenbüro Mirabell ■ c 1
Franz-Josef-Straße 9, Salzburg; Tel. 87 04 52, Fax 8 70 45 22; Mo–Fr 9–13 und 14–18, Sa 9.30–13 Uhr; Festspielzeit 9–19 Uhr

Ticket Shop ■ c 4
Getreidegasse 5, Salzburg; Tel. 06 62/ 84 77 67, Fax 84 97 69; Mo–Fr 9–18, Sa 10–13 Uhr; Festspielzeit tgl. 9–19 Uhr

Medizinische Versorgung

Sicher ist sicher: Besorgen Sie sich vor Reiseantritt bei Ihrer Krankenkasse neben dem Auslandskrankenschein auch das Merkheft mit den Adressen der Kassenärzte in Österreich, da nicht alle Ärzte und Krankenhäuser auf Auslandskrankenschein behandeln.

In Salzburg befindet sich der **Ärztebereitschaftsdienst**, der ab Fr 19 Uhr bis Mo 7 Uhr sowie an Feiertagen im Einsatz ist, in der Paris-London-Str. 8 a, Tel. 1 41.
Öffnungszeiten der Apotheken: Mo–Fr 8–12.30 Uhr und 14.30–18, Sa 8–12 Uhr

Außerhalb dieser Geschäftszeiten leisten Apotheken im Wechsel Mittags-, Nacht- oder Wochenenddienst. Infos über die Dienst habende Stelle sind an jeder Apotheke angeschlagen.

Notruf

Ärztebereitschaftsdienst 1 41
Bergrettung 1 40
Feuerwehr 1 22
Polizei 1 33
Rotes Kreuz (»Rettung«) 1 44
Pannenhilfe (ÖAMTC) 1 20

Politik

Salzburg ist die Hauptstadt des Bundeslandes Salzburg, eines der neun Bundesländer der Republik Österreich. Jedes Bundesland hat Hoheitsrechte der Landesverwaltung und der Landesgesetzgebung. Alle fünf Jahre wird von der Landesbevölkerung der Landtag gewählt. Der Landeshauptmann ist Vorsitzender der Landesregierung. Traditionsgemäß erreicht die Österreichische Volkspartei (ÖVP) bei Landtagswahlen das beste Ergebnis, wenngleich sie in jüngerer Zeit auch etliche Einbußen in Kauf nehmen musste. Der Sozialdemokratischen Partei (SPÖ) geht es aber auch nicht wesentlich besser.

Im Jahr 2000 hat die Gründung einer Koalition der Österreichischen Volkspartei (ÖVP) mit der rechtsgerichteten Freiheitlichen Partei Österreichs (FPÖ) Jörg Haiders auf Bundesebene internationale Proteste zur Folge. Die EU beschließt, Österreich auf bilateraler Ebene politisch zu isolieren. Auch der Rücktritt Haiders vom Parteivorsitz kann die Lage nicht entspannen.

Das Bundesland Salzburg gliedert sich in sechs Bezirke und eine Stadt mit eigenem Statut: Stadt Salzburg, Salzburg-Umgebung, Flachgau, Tennengau, Pinzgau, Pongau und Lungau.

Die einzelnen Bezirke sind nach Ortsgemeinden unterteilt, die eigene

Gemeindeverwaltungen haben. Neben den 119 Ortsgemeinden Salzburgs existieren 30 Marktgemeinden und die vier Stadtgemeinden Salzburg, Hallein, Radstadt und Zell am See.

Post

Postämter sind Mo–Fr 8–12 und 14–18 Uhr geöffnet. Kassenschluss ist um 17 Uhr. Das Salzburger Bahnhofspostamt am Südtiroler Platz ist tgl. rund um die Uhr offen (nicht alle Dienste!).

Ein Brief nach Deutschland oder in die Schweiz kostet 0,5 €, eine Postkarte 0,4 €; im innerösterreichischen Verkehr wird die Karte mit 0,4 € frankiert, der Standardbrief mit 0,5 €. Postwertzeichen sind nicht nur auf dem Postamt erhältlich, sondern auch in den Tabaktrafiken.

Reisedokumente

Bei Einreise nach Österreich müssen Bürger der Bundesrepublik Deutschland und der Schweiz einen gültigen Personalausweis mitführen. Kinder benötigen einen Kinderausweis oder müssen im Reisepass der Eltern eingetragen sein.

Reisewetter

Wie Deutschland und die Schweiz hat auch Salzburg ein mitteleuropäisches Übergangsklima, das sich durch den Kontrast Beckenlandschaft/Gebirgslandschaft regional noch einmal unterscheidet. So ist es am Alpennordrand feucht-kühl, da atlantische West- und Nordwestwinde zu fast allen Jahreszeiten feuchte Luftmassen mit sich führen. Diese stauen sich am Gebirgsrand, kühlen sich ab und gehen als Schnee oder Regen nieder. Die Alpengebiete sind durch relativ kühle Sommer und lange Winter mit viel Schnee geprägt. Der Lungau im Südosten des Landes wird durch sein Hochplateau, das von Gebirgen eingerahmt ist, von einem kontinentalen Klima bestimmt.

Die genauen Klimadaten von Salzburg

		Januar	Februar	März	April	Mai	Juni	Juli	August	September	Oktober	November	Dezember
Durchschnittl. Temp. in °C	Tag	1,6	3,6	9,5	14,2	18,9	21,9	23,7	23,2	20,2	14,0	7,7	2,5
	Nacht	-5,7	-4,9	-0,7	3,6	7,6	11,0	12,7	12,6	9,5	4,3	0,3	-3,8
Sonnenstunden pro Tag		2,5	3,0	4,8	5,5	6,6	6,5	6,8	6,8	5,8	4,5	2,3	1,8
Regentage		12	11	10	13	14	15	15	14	12	10	10	11

Quelle: Deutscher Wetterdienst, Offenbach

Kalte Winter und kurze Sommer mit sehr viel Sonne während des ganzen Jahres über sind die Folge. Mariapfarr gilt als der sonnenreichste Ort Österreichs. Die beste Reisezeit für Salzburg und das Salzburger Land sind demnach die Monate Juni, Juli und August. Mai und September eignen sich besonders für Bergwanderer, da in der Regel in dieser Zeit ein beständiges und freundliches Wetter vorherrscht.

Telefon

Telefonieren kann man wie in Deutschland oder in der Schweiz vom Postamt bzw. von öffentlichen Telefonzellen aus. Auch in Österreich sind die Kartentelefone auf dem Vormarsch. Telefonkarten gibt es in jedem Postamt.

Bei älteren Münztelefonen müssen Sie die Gesprächstaste drücken, sobald sich der Teilnehmer meldet, sonst wird die Verbindung unterbrochen!

Mobil telefonieren ist problemlos möglich. Die Handys schalten sich ins österreichische Netz ein. Die Versorgung ist selbst in den Bergregionen meist gewährleistet, was im Notfall lebensrettend sein kann. Die Telefonauskunft erreichen Sie unter 1 18 11.

Vorwahlen
D, CH → A 00 43
A → D 00 49
A → CH 00 41

Trinkgeld

Ein Trinkgeld von zehn Prozent der Rechnungssumme ist bei Taxifahrten, in Hotels, in Restaurants, im Café, beim Friseur und ähnlichen Dienstleistungen üblich.

Verkehrsverbindungen

Mit dem Auto
Das Salzburger Land verfügt über ein gut ausgebautes Straßennetz. Die Hauptrouten nach Süden (»Tauern-

Entfernungen (in km) im Salzburger Land

	Abtenau	Bad Gastein	Krimml	Rauris	Salzburg	St. Gilgen	St. Johann	St. Michael im Lungau	Werfen	Zell am See
Abtenau	–	97	154	86	48	65	57	76	34	100
Bad Gastein	97	–	100	43	101	118	40	97	54	51
Krimml	154	100	–	80	167	180	97	154	110	58
Rauris	86	43	80	–	90	107	29	86	49	25
Salzburg	48	101	167	90	–	33	61	101	46	104
St. Gilgen	65	118	180	107	33	–	78	134	65	121
St. Johann	57	40	97	29	61	78	–	57	13	43
St. Michael im Lungau	76	97	154	86	101	134	57	–	70	100
Werfen	34	54	110	49	46	65	13	70	–	56
Zell am See	100	51	58	25	104	121	43	100	56	–

autobahn«) und nach Westen (»Westautobahn«) sind gut ausgebaut, ersticken dennoch immer wieder im Verkehr. Besonders in der Urlaubszeit, an schönen Wochenenden und durch den Berufsverkehr kommt es zu Staus, vor allem rund um die Stadt Salzburg und in Grenznähe. Eng geht es auch in der Salzburger Innenstadt zu, die nur wenig Parkplätze, enge Straßen und heillos verstopfte Gassen zu bieten hat. Stellen Sie Ihr Auto auf einem der großen Parkplätze am Stadtrand ab. Hinweisschilder finden Sie bereits an der Autobahn. Diese Park & Ride-Plätze liegen an der Alpenstraße (Busstation 51 und 95) und beim Salzburger Ausstellungszentrum (SAZ).

Leihwagen
Die bekannten europäischen Mietwagen-Firmen bieten zumindest in den größeren Orten und natürlich am Flughafen in Salzburg Leihwagen an. Die Preise liegen im europäischen Durchschnitt. Fragen Sie nach Sonderkonditionen (zum Beispiel Weekend-Specials).

Öffentliche Verkehrsmittel
Die städtischen Busse sind in Salzburg-Stadt das einzige öffentliche Verkehrsmittel. Sie erreichen damit problemlos alle wichtigen Punkte in der Stadt. Einzelfahrten kosten 1,3 €, im Fünferblock 1,6 €. Das 24-Stunden-Ticket gibt es für 2,6 €. Wenn Sie länger bleiben, macht sich eine Wochenkarte bezahlt. Dafür benötigen Sie jedoch ein Passfoto.

Freie Fahrt mit allen öffentlichen Verkehrsmitteln (ausgenommen Linie 80), Eintritt zu allen Sehenswürdigkeiten der Stadt und diverse Preisnachlässe haben Sie mit der Salzburg Card. Die 24-Stunden-Karte kostet 16,7 €, das 48-Stunden-Ticket 23,2 € und die 72-Stunden-Karte 30 €. Kinder zwischen 6 und 15 Jahren zahlen die Hälfte.

Großen Erfolg hatte das Salzburger Land mit der Einführung des Salzburger SommerJokers im Jahr 1998. Mit dieser Karte, die seitdem zur festen Einrichtung geworden ist, können über 180 Ausflugsziele, Sehenswürdigkeiten, Naturdenkmäler, Museen, Burgen, Bergbahnen, Strand- und Hallenbäder und Wildparks im Salzburger Land kostenlos besichtigt und benutzt werden. Dazu gehören auch alle Leistungsträger der 24-Stunden-Salzburg-Card. Bei weiteren Attraktionen im Land gibt es 25 Prozent Ermäßigung, wie etwa beim Schiffsausflug auf dem Wolfgangsee oder auch beim Rafting Center Taxenbach.

Die Chipkarte hat die Größe einer Kreditkarte. Ein elektronisches Lesegerät beim Leistungsträger ermöglicht einen bequemen Zugang zu den Angeboten.

40 € kostet die Karte für Erwachsene, Kinder von 6 bis 14 Jahren zahlen 20 €. Für Familien mit mehr als zwei Kindern wird es besonders günstig, denn ab dem dritten Kind einer Familie ist der SommerJoker gratis. Der Salzburger SommerJoker ist zwischen Mai und Oktober maximal 16 Tage ab dem Kaufdatum gültig. Erhältlich ist die Karte bei allen Fremdenverkehrsämtern, vielen Hotels und den Raiffeisenkassen im Salzburger Land.

Taxis
Die Salzburger Funktaxi-Vereinigung erreichen Sie über Tel. 8111. Auskünfte und Vorbestellungen unter Tel. 87 44 00. Die wichtigsten Taxistandplätze in der Innenstadt sind: Hanuschplatz, Residenzplatz, Rudolfsplatz, Café Tomaselli, Mönchsberg-Aufzug, Bahnhof, Hofwirt, Makartplatz, Unfallkrankenhaus, Sheraton.

Fahrräder
Viele Ausflugsziele sind mit dem Fahrrad ideal zu erreichen. Allerdings

gibt es nicht überall separate Fahrradwege. In praktisch jedem größeren Ort verleihen die Sportgeschäfte Fahrräder. In Salzburg können Sie Räder am Hauptbahnhof (Schalter 3) mieten – und im Sommer (April bis September/Oktober) bei VELOactiv auf dem Residenzplatz.

Wirtschaft

Der Anteil der forst- und landwirtschaftlichen Nutzfläche ist mit 46 Prozent relativ hoch; dennoch verdienen nur knapp acht Prozent der Erwerbstätigen ihren Lebensunterhalt im Agrarsektor. Ein Drittel der Salzburger ist in der Industrie, im Gewerbe und in der Elektrizitätswirtschaft beschäftigt. Das Gros der Bevölkerung mit über 60 Prozent ist im Dienstleistungssektor und im Handel tätig.

Zeitungen

Die Presselandschaft Salzburgs wird von den Tageszeitungen *Salzburger Nachrichten* und von der *Salzburger Volkszeitung* bestimmt. Den *Salzburger Nachrichten* liegen Regionalteile bei. Als überregionale Blätter sind *Standard, Kurier* und *Die Presse* erhältlich. Die *Salzburger Krone* erscheint als Regionalausgabe der Wiener *Neuen-Krone-Zeitung*.

Zoll

Seit dem Beitritt Österreichs in die Europäische Union (EU) dürfen Waren für den Privatgebrauch ohne Beschränkungen nach Deutschland eingeführt werden. Ab bestimmten Grenzen wird allerdings nicht mehr vom Privatgebrauch ausgegangen. Reisende ab 17 Jahre dürfen mitnehmen: 800 Zigaretten, 400 Zigarillos, 200 Zigarren 1 kg Tabak, 10 l Spirituosen, 20 l Likörwein, 90 l Wein bzw. 60 l Schaumwein, 110 l Bier.
Andere Regeln gelten dagegen noch für Bürger der Schweiz. Personen über 17 Jahre dürfen bei ihrer Einreise nach Österreich zollfrei folgende Waren mit sich führen: 200 Zigaretten (oder 50 Zigarren oder 250 g Tabak), 2 l alkoholische Getränke unter 22 Vol. Prozent, 1 l Spirituosen über 22 Vol. Prozent sowie Geschenke bis zum Gesamtwert von 180 €.

Bei der Wiedereinreise in die Schweiz dürfen zollfrei Gegenstände des persönlichen Bedarfs und Tabakwaren wie bei der Einreise nach Österreich mit dabei sein, außerdem 2 l alkoholische Getränke unter 15 Prozent sowie Geschenke bis zu 200 sFr.

Vorbei an vielen Seen geht es bei einer Radtour durch das Alpenvorland.

1800 bis 900 v. Chr.
Schon in der Bronzezeit entwickelt sich Salzburg zum Mittelpunkt des mitteleuropäischen Kupferhandels. Auf dem Mitterberg bei Mühlbach am Hochkönig steht das größte Bergwerk.

900 bis 400 v. Chr.
Beginn des Salzbergbaus in der Hallstattzeit.

400 bis 15 v. Chr.
Mit dem Anfang der La-Tène-Zeit (400 v. Chr.) wird der hallstättische Salzabbau überflügelt vom Dürrnberg bei Hallein, wo sich die Kelten niederlassen.

15 v. Chr.
Die Römer erobern das keltische Königreich Norikum, das unter Kaiser Augustus zur römischen Provinz erklärt wird. Gründung von Juvavum, dem heutigen Salzburg.

45 n. Chr.
Kaiser Claudius verleiht Juvavum das Stadtrecht.

Nach 488 n. Chr.
Die Römer ziehen sich zurück. Anfang des 6. Jh. siedeln sich die Bajuwaren (Baiern) im Norden des Flachlandes an.

Um 696
Der hl. Rupert, Bischof von Worms, gründet das Kloster St. Peter und das Kloster auf dem Nonnberg. Bayernherzog Theodo, von Rupert zum Christentum bekehrt, hatte dem Heiligen Ländereien und Reste von Juvavum geschenkt.

739
Die Siedlung wurde durch den heiligen Bonifatius Sitz eines Bistums. Der Name Salzburg fällt erstmals in der Vita Sancti Bonifatii um 755.

774
Seinen ersten Dom und eine Blüte geistiger Kultur erlebt Salzburg unter Bischof Virgil (745–784) und anschließend unter Bischof Arno (785–821), der 798 Erzbischof wird.

996
Salzburg erhält das Markt-, Zoll- und Münzrecht.

1077
Die Festungen Hohensalzburg, Hohenwerfen und Friesach werden zum Schutz gegen die Truppen König Heinrich IV. erbaut.

1166
Im Konflikt Kaiser Friedrich I. mit dem Papst schlägt sich Salzburg wieder auf die Seite der Kirche. Der Kaiser verhängt die Reichsacht über die Stadt. Brandstifter legen Salzburg in Schutt und Asche.

1177
Kaiser und Papst einigen sich im Frieden von Venedig. Kardinal Konrad von Wittelsbach wird Erzbischof von Salzburg.

Um 1190
Wiederaufnahme des Salzbergwerks in Hallein.

13. Jh.
Erzbischof Eberhard II. begründet die salzburgische Landeshoheit.

1348/1349
Ein Drittel der Salzburger Stadt- und Landbevölkerung stirbt an der Pest.

1495–1519
Die Festung Hohensalzburg wird ausgebaut.

1525/1526
Salzburg ist einer der Hauptschauplätze der Bauernkriege.

1587–1612
Landesherr Wolf Dietrich von Raitenau lässt das mittelalterliche Salzburg in eine barocke Fürstenstadt umgestalten.

1622
Die Universität wird gegründet.

1731–1733
Erzbischof Leopold Anton Firmian erzwingt die Ausweisung von 20 000 Protestanten.

1756
Wolfgang Amadeus Mozart wird in Salzburg geboren.

1800
Französische Truppen marschieren unter Napoleon in Salzburg ein und besetzen die Stadt.

1803–1816
1803 wird das Erzstift Salzburg säkularisiert. Es fällt als Kurfürstentum an den Großherzog Ferdinand III. von Toskana. 1805 geht es mit Berchtesgaden an Österreich, 1810 an Bayern und 1816 wieder an Österreich.

1849
Salzburg wird Kronland.

1861
Salzburg erhält eine Volksvertretung und eine Landesregierung.

1880
Die Internationale Stiftung Mozarteum wird ins Leben gerufen.

1920
Die ersten Salzburger Festspiele werden mit Hugo von Hofmannsthals »Jedermann« eröffnet. Nach dem Zusammenbruch der Donaumonarchie 1918 wird Salzburg 1920 österreichisches Bundesland.

1938
Deutsche Truppen marschieren in Österreich ein. Salzburg wird zum Reichsgau.

1944/1945
Bei Bombenangriffen werden große Teile der Stadt zerstört. Am 10. Mai 1945 marschieren amerikanische Truppen in Salzburg ein.

1945
Salzburg ist wieder österreichisches Bundesland.

1962
Gründung der neuen Universität.

1983
Der Salzburger Landtag beschließt die Errichtung des Nationalparks Hohe Tauern.

1994
Nationalrat und Bundesrat ratifizieren am 11. Nov. 1994 den Vertrag über Österreichs Mitgliedschaft in der Europäischen Union.

1995
Am 1. Jan. 1995 wird Österreich Mitglied der EU.

2000
Als Reaktion auf die Gründung einer Koalition der ÖVP mit der rechtsgerichteten FPÖ Jörg Haiders beschließt die EU, Österreich auf bilateraler Ebene politisch zu isolieren.

Ein defekter Heizstrahler löst am 11. November 2000 einen Brand in der Bahn auf das Kitzsteinhorn aus. Bei der Katastrophe im Tunnel sterben 155 Menschen.

2002
Der Euro löst den österreichischen Schilling ab.

A
B
C
1
2
3
4
Dorlbeuern
Pietling
St. Pantaleon
Mitterroidham
Torring
Fridolfing
Lamprechtshausen
Tengling
Weitgassing
Achenbach
Geisenfelden
Burmoos
Tachinger See
St. Georgen
Mollstätten
Nußdorf am Hau
Taching a. See
Kirchanschöring
Maria Bühel
Mariae Himmelfahrt
Oberndorf bei Salzburg
Waginger See
LAUFEN
Otting
WAGING a. SEE
Leobendorf
Haunsberg 835
Petting
St. Leonhard a. Wonneberg
Abtsdorfer See
Trieben-bach
Wölfels-berg 487
Steinbrünning
Surheim
Saaldorf
156
Weildorf
Eham
20
Teisendorf
FREILASSING
Oberteisendorf
Straß
Knappenfeld
304
Neukirchen am Teisenberg
Steinhögl
Wals-Siezenheim
Schloss Kleßheim
8
E52
Höglwörth
E60
Ainring
Mauerriedl
Anger
A1
Högl
Hammer
Leopol
Wagenau
Aufham
306
Piding
Adlgaß
Schloss Glanegg
A10
St. Nikolaus
Zwiesel 1782
Hochstaufen 1771
Inzell
Fürstenbrunn
21
Marzoll
305
7
Jochberg
Kuranlage
St. Zeno
Großgmain
Gletschergarten
BAD REICHENHALL
Bayerisch Gmain
Untersberg
Kirchberg
St. Nikolaus
Weißbach a.d.Alpenstraße
Karlstein
305
Schellenberger E
Mark
Predigtstuhl 1613
21
4
Schneizlreuth
Winkl
Almbachklamm
Sonntagshorn 1961
21
Unterjettenberg
Biosphären-reservat Berchtesgaden
Melleck
Oberjettenberg
Bischofsw
Niederland
Wartsteinkopf 1758
305
Unken
Toter Mann 1391
20
111
312
Schwarzeck
Engedey

D E F

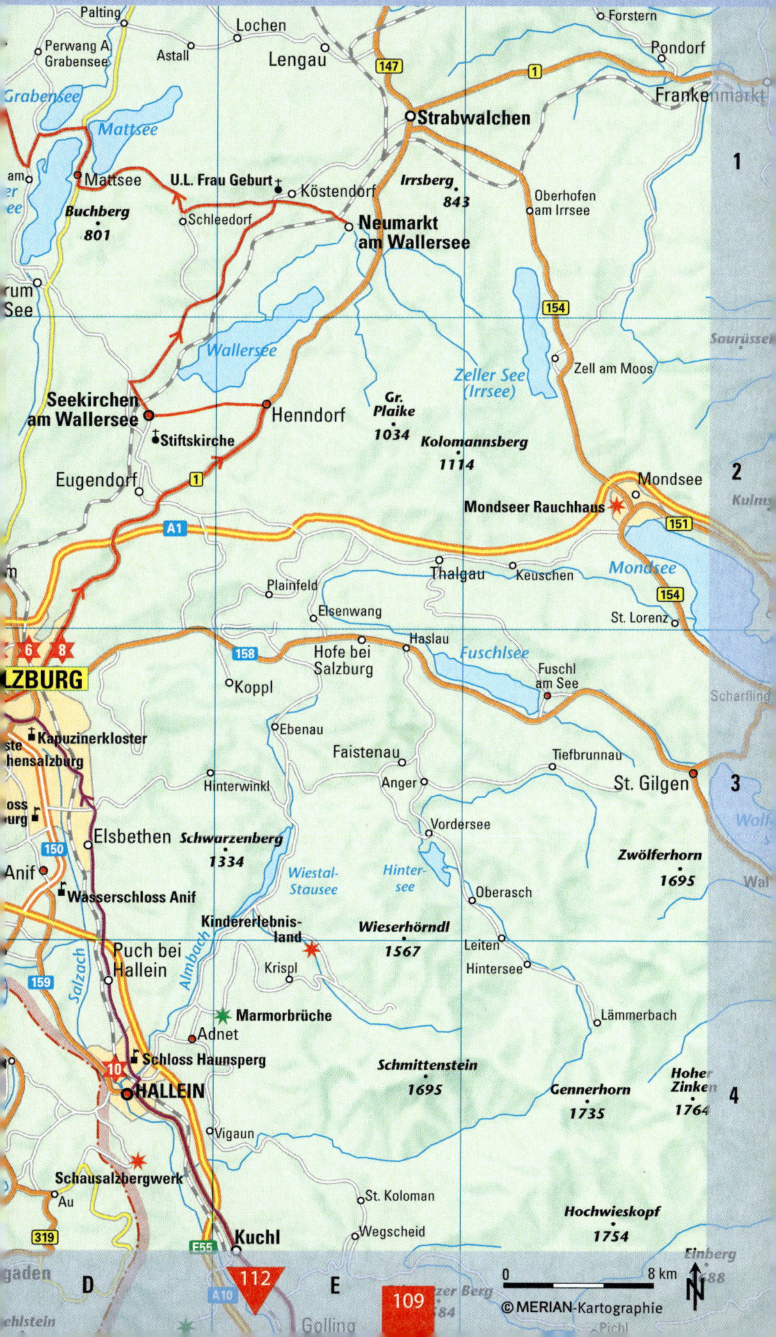
Palting
Perwang A. Grabensee
Astall
Lochen
Lengau
Forstern
Pondorf
Frankenmarkt
Grabensee
Mattsee
Strabwalchen
147
1
Mattsee
U.L. Frau Geburt
Köstendorf
Irrsberg
843
Oberhofen am Irrsee
Buchberg
801
Schleedorf
Neumarkt am Wallersee
154
Wallersee
Zell am Moos
Zeller See (Irrsee)
Saurüssel
Seekirchen am Wallersee
Henndorf
Gr. Plaike
1034
Stiftskirche
Kolomannsberg
1114
Eugendorf
Mondsee
Mondseer Rauchhaus
Kulms
A1
151
Thalgau
Keuschen
Mondsee
Plainfeld
154
Elsenwang
St. Lorenz
Haslau
6
8
158
Hofe bei Salzburg
Fuschlsee
Fuschl am See
Scharfling
LZBURG
Koppl
Kapuzinerkloster
Ebenau
Faistenau
Tiefbrunnau
Anger
St. Gilgen
Hinterwinkl
Vordersee
Elsbethen
Schwarzenberg
1334
150
Zwölferhorn
1695
Anif
Wiestal-Stausee
Hinter-see
Oberasch
Wasserschloss Anif
Kindererlebnis-land
Wieserhörndl
1567
Leiten
Puch bei Hallein
Almbach
Krispl
Hintersee
Salzach
159
Lämmerbach
Marmorbrüche
Adnet
Schloss Haunsperg
Schmittenstein
1695
Hoher Zinken
1764
10
HALLEIN
Gennerhorn
1735
Vigaun
Schausalzbergwerk
Au
St. Koloman
Hochwieskopf
1754
319
Wegscheid
Kuchl
E55
Einberg
D
112
E
A10
0
8 km
N
Golling
© MERIAN-Kartographie

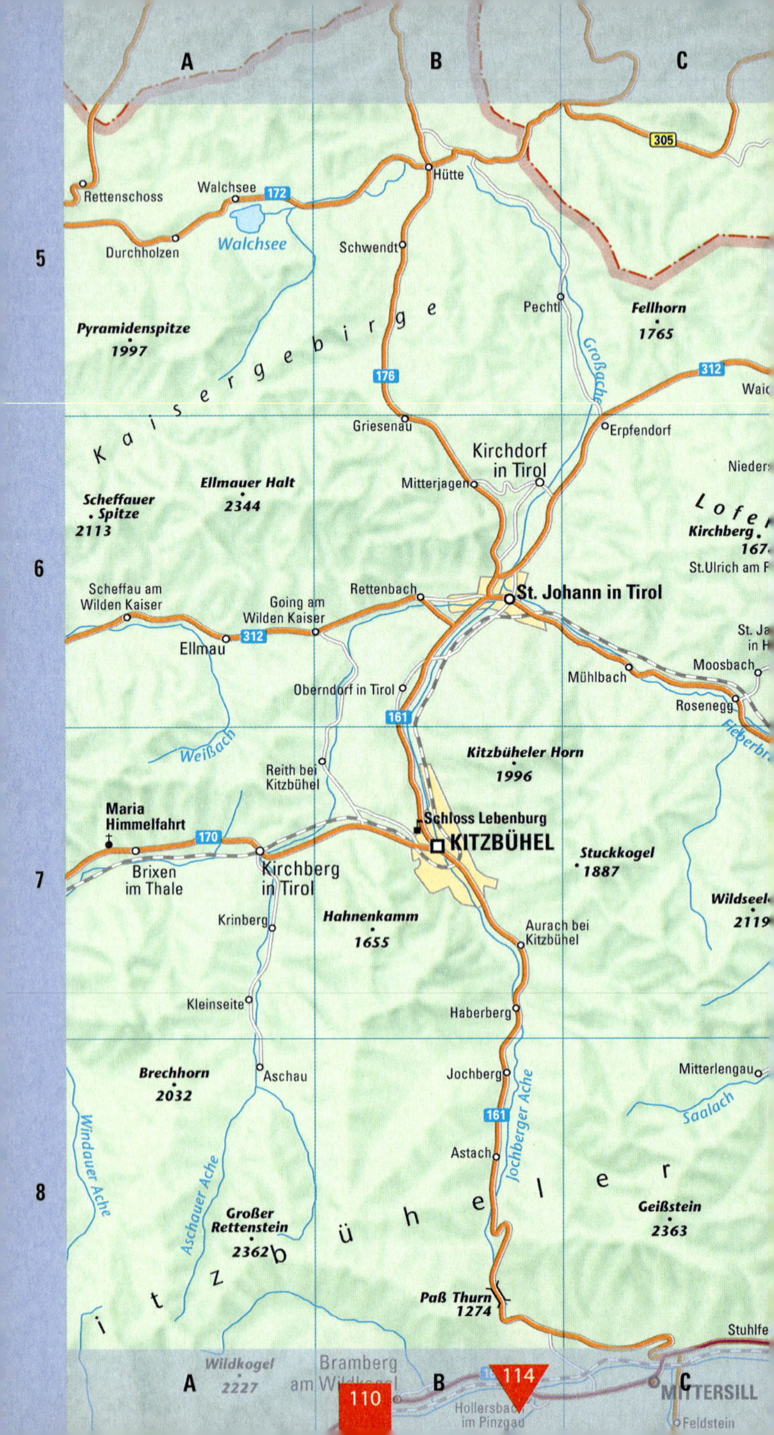

A
B
C
5
6
7
8
305
Hütte
Rettenschoss
Walchsee
172
Durchholzen
Walchsee
Schwendt
Pechtl
Fellhorn
1765
Pyramidenspitze
1997
Kaisergebirge
176
Großache
312
Waid
Griesenau
Erpfendorf
Kirchdorf in Tirol
Mitterjagen
Nieders
Ellmauer Halt
2344
Scheffauer Spitze
2113
Lofer
Kirchberg
167
St.Ulrich am P
Scheffau am Wilden Kaiser
Going am Wilden Kaiser
Rettenbach
St. Johann in Tirol
Ellmau
312
St. Ja in H
Moosbach
Mühlbach
Oberndorf in Tirol
Rosenegg
161
Fieberbr
Weißbach
Kitzbüheler Horn
1996
Reith bei Kitzbühel
Maria Himmelfahrt
Schloss Lebenburg
170
KITZBÜHEL
Stuckkogel
1887
Brixen im Thale
Kirchberg in Tirol
Wildseel
2119
Krinberg
Hahnenkamm
1655
Aurach bei Kitzbühel
Kleinseite
Haberberg
Brechhorn
2032
Aschau
Jochberg
Mitterlengau
Jochberger Ache
161
Saalach
Windauer Ache
Astach
Aschauer Ache
Kitzbüheler
Geißstein
2363
Großer Rettenstein
2362
Paß Thurn
1274
Stuhlfe
Wildkogel
2227
Bramberg am Wildkogel
MITTERSILL
Hollersbach im Pinzgau
Feldstein

114

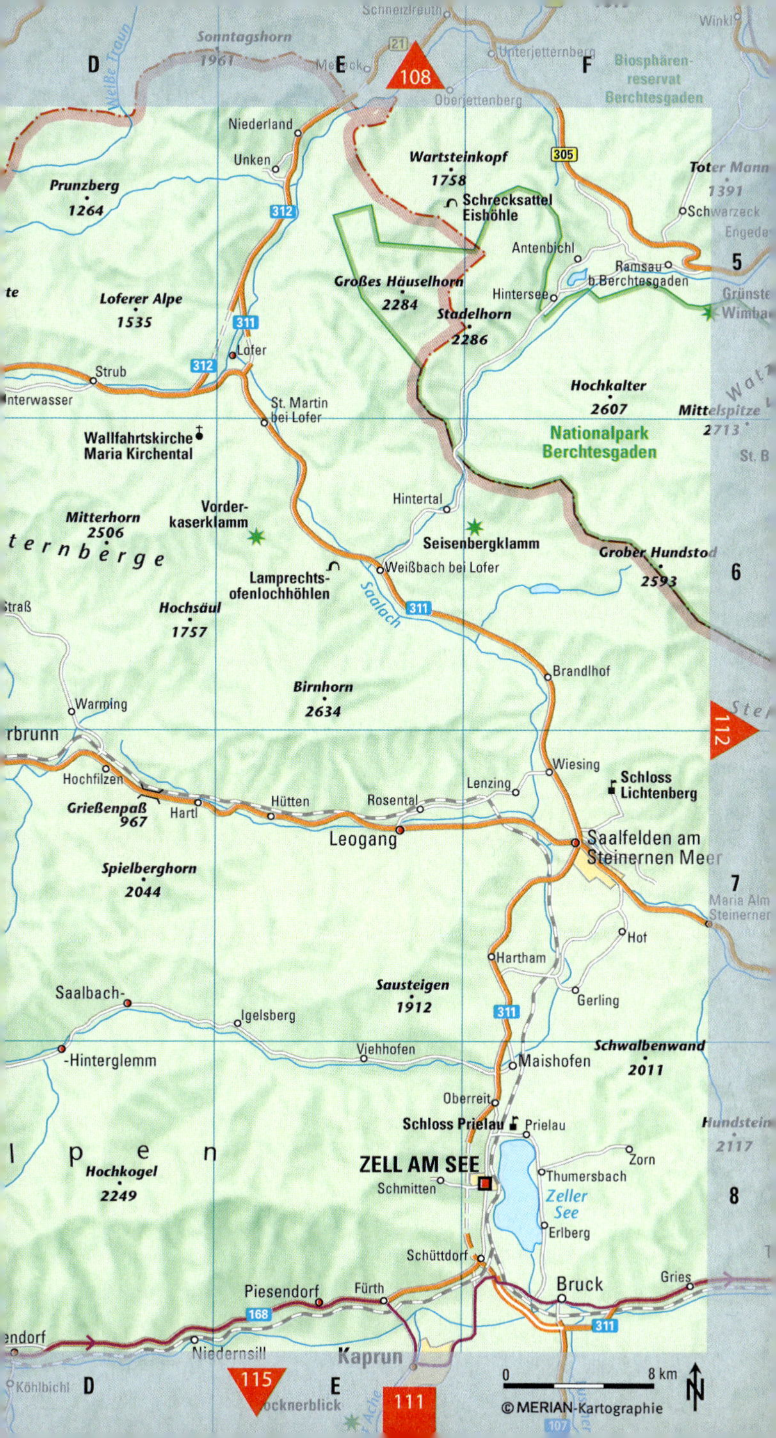

Sonntagshorn
1961
D
E
F
108
Schneizlreuth
Unterjetternberg
Oberjettenberg
Winkl
Biosphärenreservat Berchtesgaden
Weiße Traun
21
Niederland
Unken
305
312
Wartsteinkopf
1758
Schrecksattel
Eishöhle
Toter Mann
1391
Schwarzeck
Engedey
Prunzberg
1264
Antenbichl
Ramsau
b. Berchtesgaden
5
Hintersee
Großes Häuselhorn
2284
Stadelhorn
2286
Loferer Alpe
1535
311
Lofer
312
Strub
Hochkalter
2607
Mittelspitze
2713
St. Martin bei Lofer
Nationalpark Berchtesgaden
Wallfahrtskirche Maria Kirchental
Mitterhorn
2506
Vorderkaserklamm
Hintertal
Seisenbergklamm
Großer Hundstod
2593
6
Weißbach bei Lofer
Lamprechtsofenlochhöhlen
Saalach
Hochsäul
1757
311
Brandlhof
Birnhorn
2634
Warming
112
Wiesing
Schloss Lichtenberg
Hochfilzen
Lenzing
Grießenpaß
967
Hartl
Hütten
Rosental
Leogang
Saalfelden am Steinernen Meer
Spielberghorn
2044
7
Maria Alm
Hof
Hartham
Saalbach-
-Hinterglemm
Igelsberg
Sausteigen
1912
Gerling
311
Viehhofen
Schwalbenwand
2011
Maishofen
Oberreit
Schloss Prielau
Prielau
Hundstein
2117
Hochkogel
2249
ZELL AM SEE
Schmitten
Zorn
Thumersbach
Zeller See
8
Erlberg
Schüttdorf
Bruck
Gries
Piesendorf
Fürth
168
311
Niedernsill
Kaprun
115
111
Kohlbichl
0
8 km
N
107
© MERIAN-Kartographie

Schloss Leopoldskron
Hohensalzburg
Schloss Emsburg
A
B
C
109
Elsbethen
Schwarzenberg 1334
Hinterwinkl
Anger
Wiestal-Stausee
Hinter-see
Schloss Glanegg
A10
150
Anif
Wasserschloss Anif
Fürstenbrunn
21
Marzoll
7
Großgmain
Bayerisch Gmain
Grödig
St. Leonhard
Puch bei Hallein
Almbach
Kindererlebnisland
Wieserhörndl 1567
Krispl
Salzach
159
Untersberg
9
Schellenberger Eishöhle
Marmorbrüche
Adnet
Marktschellenberg
Schloss Haunsperg
10
HALLEIN
Schmittenstein 1695
Winkl
Almbachklamm
Vigaun
Biosphären-reservat Berchtesgaden
Schausalzbergwerk
Bischofswiesen
Au
St. Koloman
Obergerm
319
Kuchl
Wegscheid
E55
Toter Mann 1391
20
Berchtesgaden
Schwarzeck
A10
Engedey
Kehlstein 1885
Golling an der Salzach
10
20
Gollinger Wasserfall
Hoher Göll 2522
Schönau a. Königssee
Freieck 2308
Grünsteiner Haus
Scheffau am Tennengebirge
Wimbachklamm
Königssee
Jenner 1874
Paß Lueg
Watzmann
Kleiner Watzmann 2307
Mittelspitze 2713
St. Bartholomä
Königssee
Hagengebirge
Tristkopf 2110
Gotzenalm
Hochkogel 2281
Obersee
Eisriesenwelt
11
Hundstod 2593
Rifflkopf 2254
A10
Nationalpark Berchtesgaden
Tenneck
Großes Teufelshorn 2361
E55
Funtensee-tauern 2578
Feste Hohenwerfen
Werfen
111
Steinernes Meer
Schloss Lichtenberg
Selbhorn 2655
Brandhorn 2610
Hochkönig 2941
Torsäule 2587
Saalfelden am Steinernen Meer
Bischofshofen
12
Maria Alm am Steinernen Meer
Hinterthal
Dientner Sattel 1357
Mitterberg
164
Dienten am Hochkönig
Bachwinkel
Mühlbach
Mühlbach am Hochkönig
Schwalbenwand 2011
A
Hochegg
B
116
C
Schattberg
St. Veit

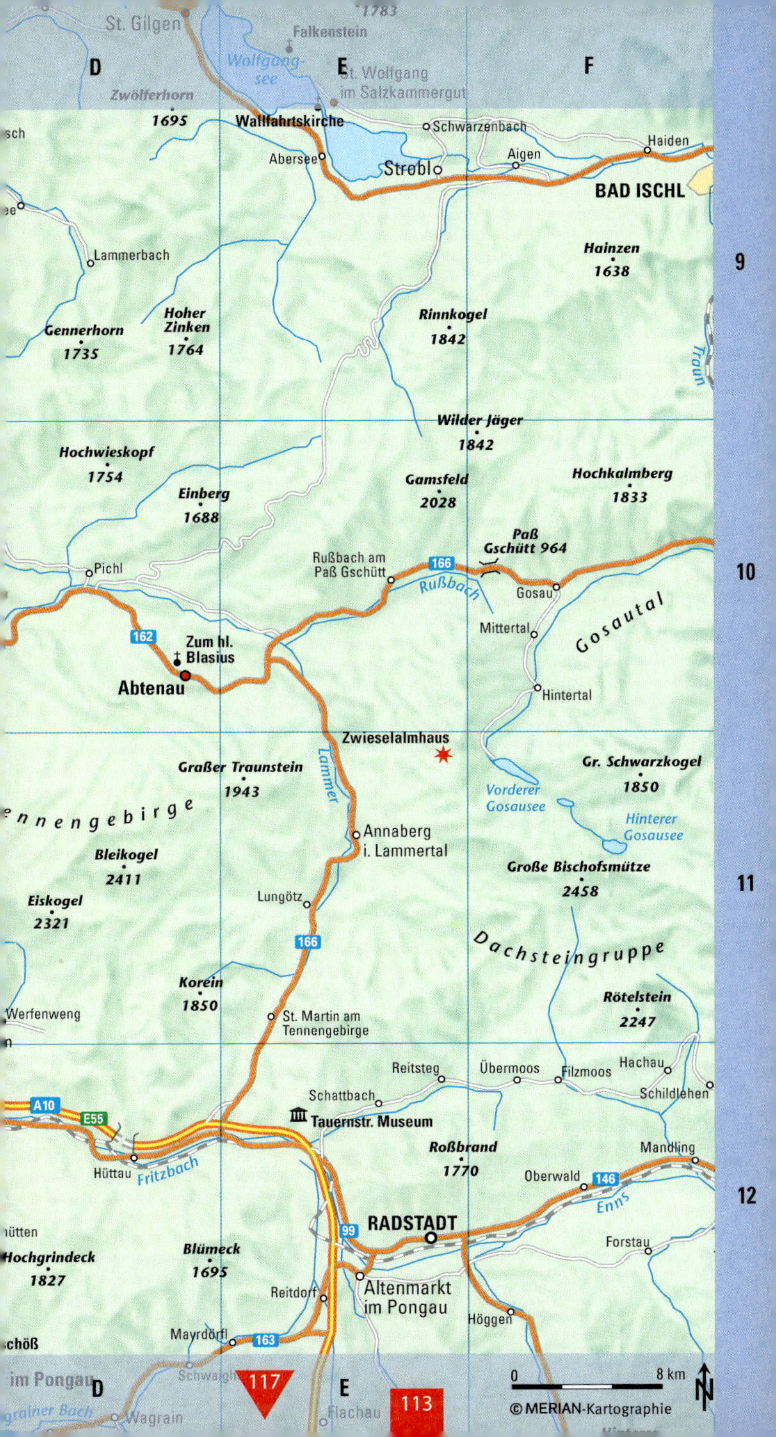

St. Gilgen
1783
Falkenstein
Wolfgang-see
D
E
F
St. Wolfgang im Salzkammergut
Zwölferhorn
1695
Wallfahrtskirche
Schwarzenbach
Haiden
Abersee
Strobl
Aigen
BAD ISCHL
9
Lammerbach
Hainzen
1638
Gennerhorn
1735
Hoher Zinken
1764
Rinnkogel
1842
Traun
Wilder Jäger
1842
Hochwieskopf
1754
Einberg
1688
Gamsfeld
2028
Hochkalmberg
1833
Paß Gschütt 964
Pichl
Rußbach am Paß Gschütt
166
Rußbach
Gosau
10
Mitterntal
Gosautal
162
Zum hl. Blasius
Abtenau
Hintertal
Zwieselalmhaus
Lammer
Graßer Traunstein
1943
Gr. Schwarzkogel
1850
Vorderer Gosausee
Hinterer Gosausee
ennengebirge
Annaberg i. Lammertal
Bleikogel
2411
Große Bischofsmütze
2458
11
Eiskogel
2321
Lungötz
166
Dachsteingruppe
Korein
1850
Rötelstein
2247
Werfenweng
St. Martin am Tennengebirge
Reitsteg
Übermoos
Filzmoos
Hachau
Schildlehen
Schattbach
A10
E55
Tauernstr. Museum
Roßbrand
1770
Mandling
Hüttau
Fritzbach
Oberwald
146
12
Enns
RADSTADT
99
Forstau
Hochgrindeck
1827
Blümeck
1695
Altenmarkt im Pongau
Reitdorf
Höggen
Mayrdörfl
163
im Pongau
Schwaighof
117
D
E
0
8 km
N
grainer Bach
Wagrain
Flachau
© MERIAN-Kartographie

A
B
C
13
14
15
16
im Thale
in Tirol
Westendorf
Krinberg
Hahnenkamm
1655
110
Aurach bei Kitzbühel
Kleinseite
Haberberg
Brechhorn
2032
Aschau
Jochberg
161
Jochberger Ache
Windauer Ache
Aschauer Ache
Astach
Großer Rettenstein
2362
K i t z b ü h e l e
Paß Thurn
1274
Kröndlhorn
2444
Wildkogel
2227
Bramberg am Wildkogel
165
Hollersbach im Pinzgau
Weyer
Neukirchen am Großvenediger
Rankenthal
Wald im Pinzgau
Pihapp
2513
Breitkopf
2420
Krimml
Krimmler Wasserfälle
1
Hoher Herd
2824
Nationalpark Hohe Tauern
Krimmler Ache
Foiskarkogel
3029
Käferfeldspitze
2969
Kratzenbergk.
3023
Hohe Fürlegg
3244
Rote Säule
2994
Keeskogel
3291
Innergschloß
Tauernbach
Schlieferspitze
3289
Großvenediger
3674
Gamsspitze
2888
Glockenkarkopf Vetta d'Italia
2913
Großer Geiger
3360
Dabern
Weißspitze
3300
V e n e d i g e r g r u p p e
H o h e
Aurino Ahrnbach
Dreiherrnspitze Pico dei Tre Signori
3499
Hohe Achsel
3161
ITALIA
Johannishütte
Zopetspitze
3198
Hoher Eichham
3371
Säulspitze
3209
Malhamspitzen
3373
Schlüsselspitze
2778
Rötspitze Pizzo Rosso di Predoi
3495
Quirl
3251
Gumpachfall
Ströden
Hinterbichl
Prägraten

111
116
115
D
E
F
13
14
15
16
Saalbach-
-Hinterglemm
Kolling
Igelsberg
Viehhofen
Sausteigen
1912
Hartham
Gerling
Maishofen
Oberreit
Schloss Prielau
Prielau
ZELL AM SEE
Schmitten
Thumersbach
Zeller See
Erlberg
Schüttdorf
Bruck
A l p e n
Hochkogel
2249
Piesendorf
Fürth
Stuhlfelden
Uttendorf
Niedernsill
Kaprun
Köhlbichl
Glocknerblick
Kapruner Ache
Fuscher Ache
Fusch
Imbachhorn
2470
Wiedrechtshausen
Zwölferkogel
2446
Gletscherbahn Kaprun
Krapfbachkopf
2716
Nationalpark Hohe Tauern
Limberg-Sperre
3202
Kitzsteinhorn
Stausee Wasserfallboden
Hoher Tenn
3368
Schneiderau
Großes Wiesbachhorn
3564
Ferleiten
Stausee Mooserboden
Enzinger Boden
Hoher Bal
2671
Stubach-Weißsee-Schwebebahn
Tauernmoos-See
Klockerin
3419
Sonnblick
3088
Rudolfshütte
Weißsee
Großer Bärenkopf
3401
Hochmaiß
Glockenkogel
2829
3078
Kalser Bärenkogel
Johannisberg
3460
Fuscher Karkopf
3331
Fuscher Törl
2394
T a u e r n
Granatspitzgruppe
Luckenkogel
3100
Tenfelskamp
3511
Naßfeld-stausee
Muntanitz
3232
Großglockner
3797
Margaritzen-stausee
Raneberg
Dorfer Tal
Glocknergruppe
Schwerteck
3247
Seilspitze
2965
Heiligenblut
Kendlspitze
3088
Mairalm
Fiegerhorn
2744
Neues Lucknerhaus
Zinkelzkamp
2876
Kals am Großglockner
Glanz
H o
168
311
107
167
108
0
8 km
N
© MERIAN-Kartographie

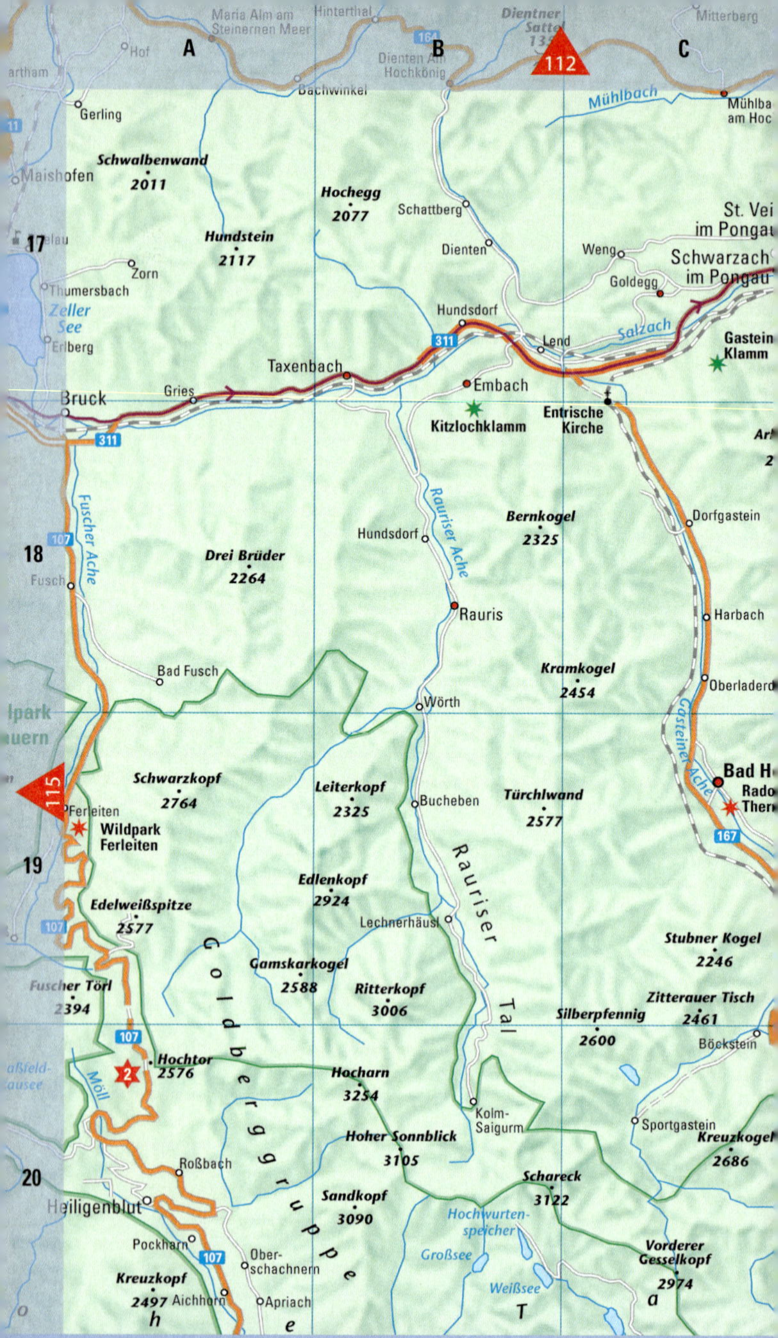

A
B
C
112
Maria Alm am Steinernen Meer
Hinterthal
Dientner Sattel
Mitterberg
Hof
164
Dienten am Hochkönig
Bachwinkel
Mühlbach
Mühlbach am Hochkönig
Gerling
Maishofen
Schwalbenwand 2011
Hochegg 2077
Schattberg
St. Veit im Pongau
17
Hundstein 2117
Dienten
Weng
Schwarzach im Pongau
Zorn
Goldegg
Thumersbach
Zeller See
Hundsdorf
Erlberg
311
Lend
Salzach
Gastein Klamm
Taxenbach
Embach
Bruck
Gries
Kitzlochklamm
Entrische Kirche
311
Fuscher Ache
Bernkogel 2325
Rauriser Ache
Dorfgastein
107
Hundsdorf
18
Drei Brüder 2264
Fusch
Rauris
Harbach
Bad Fusch
Kramkogel 2454
Oberladerding
Wörth
Gasteiner Ache
115
Schwarzkopf 2764
Leiterkopf 2325
Bad Hofgastein
Türchlwand 2577
Bucheben
Ferleiten
Wildpark Ferleiten
167
19
Edlenkopf 2924
Rauriser Tal
Edelweißspitze 2577
Lechnerhäusl
107
Stubner Kogel 2246
Goldberggruppe
Gamskarkogel 2588
Fuscher Törl 2394
Ritterkopf 3006
Zitterauer Tisch 2461
Silberpfennig 2600
Böckstein
107
Hochtor 2576
2
Möll
Hocharn 3254
Kolm-Saigurn
Sportgastein
Hoher Sonnblick 3105
Kreuzkogel 2686
20
Roßbach
Schareck 3122
Heiligenblut
Sandkopf 3090
Hochwurten-speicher
Pockhorn
107
Ober-schachnern
Großsee
Vorderer Gesselkopf 2974
Kreuzkopf 2497
Aichhorn
Apriach
Weißsee

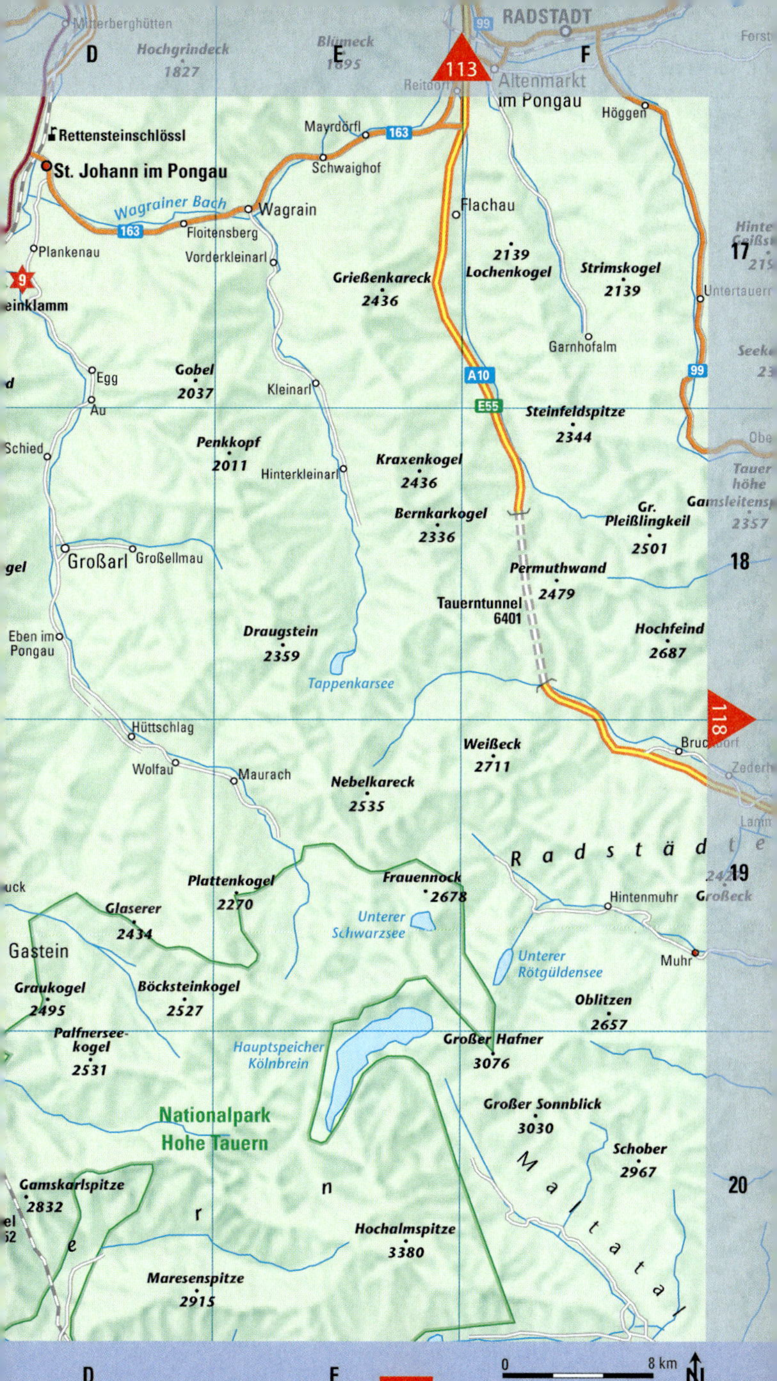
RADSTADT
Mitterberghütten
Hochgrindeck 1827
Blümeck 1895
Forst
Reitdorf
Altenmarkt im Pongau
Höggen
Mayrdörfl
Rettensteinschlössl
St. Johann im Pongau
Schwaighof
Wagrainer Bach
Wagrain
Flachau
Floitensberg
Plankenau
Vorderkleinarl
Grießenkareck 2436
2139 Lochenkogel
Strimskogel 2139
Untertauern
Garnhofalm
Egg
Au
Gobel 2037
Kleinarl
Steinfeldspitze 2344
Schied
Penkkopf 2011
Hinterkleinarl
Kraxenkogel 2436
Bernkarkogel 2336
Gr. Pleißlingkeil 2501
Großarl
Großellmau
Permuthwand 2479
Tauerntunnel 6401
Hochfeind 2687
Eben im Pongau
Draugstein 2359
Tappenkarsee
Hüttschlag
Wolfau
Maurach
Weißeck 2711
Nebelkareck 2535
Bruckdorf
Radstädter
Plattenkogel 2270
Frauennock 2678
Glaserer 2434
Unterer Schwarzsee
Hintenmuhr
Muhr
Gastein
Unterer Rötgüldensee
Graukogel 2495
Böcksteinkogel 2527
Oblitzen 2657
Palfnersee-kogel 2531
Hauptspeicher Kölnbrein
Großer Hafner 3076
Großer Sonnblick 3030
Nationalpark Hohe Tauern
Schober 2967
Maltatal
Gamskarlspitze 2832
Hochalmspitze 3380
Maresenspitze 2915
99
163
A10
E55
113
118
9
D
E
F
17
18
19
20
0
8 km
N
© MERIAN-Kartographie

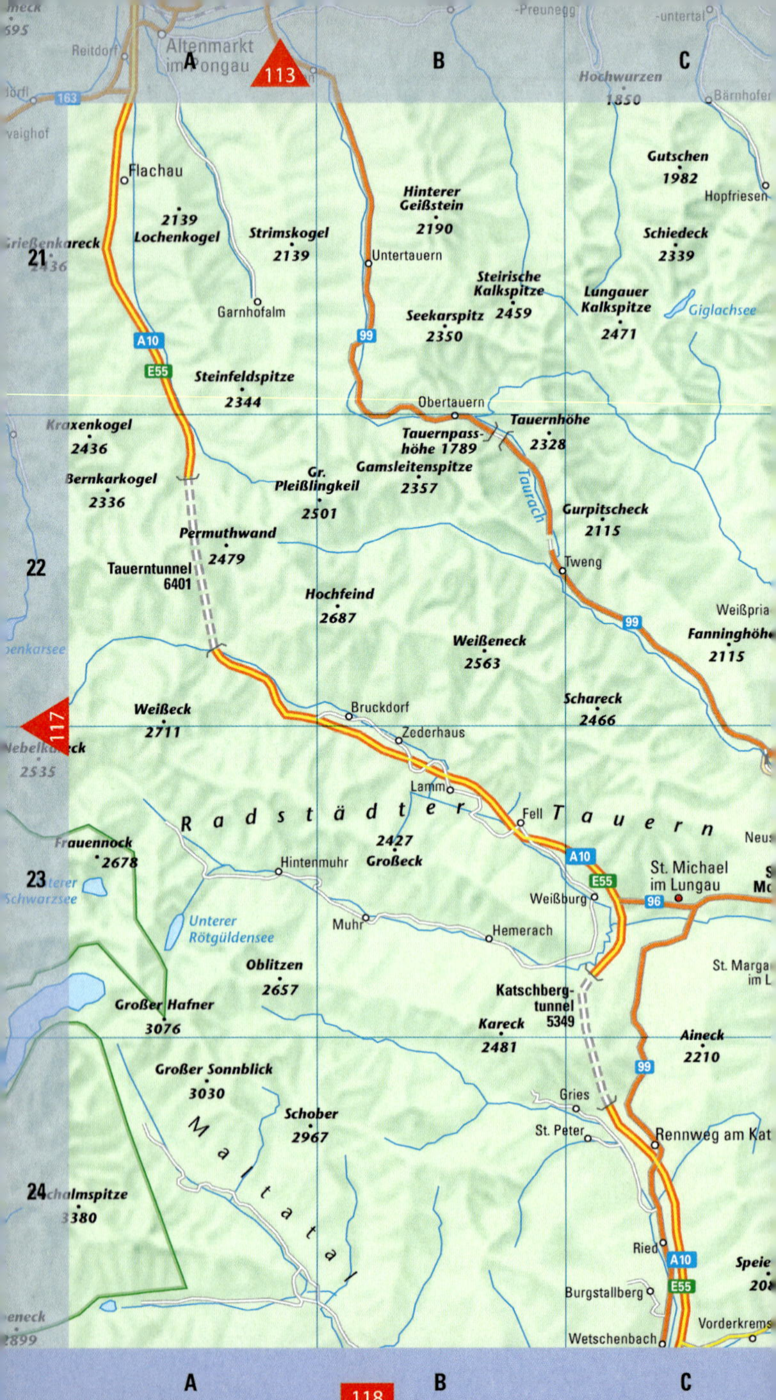
A
B
C
113
117
21
22
23
24
Altenmarkt im Pongau
Reitdorf
163
Hochwurzen 1850
Bärnhofen
Flachau
Gutschen 1982
Hopfriesen
Hinterer Geißstein 2190
2139 Lochenkogel
Strimskogel 2139
Grießenkareck 2436
Untertauern
Schiedeck 2339
Steirische Kalkspitze 2459
Lungauer Kalkspitze 2471
Giglachsee
Garnhofalm
Seekarspitz 2350
A10
E55
99
Steinfeldspitze 2344
Obertauern
Tauernpasshöhe 1789
Tauernhöhe 2328
Kraxenkogel 2436
Bernkarkogel 2336
Gr. Pleißlingkeil 2501
Gamsleitenspitze 2357
Taurach
Gurpitscheck 2115
Permuthwand 2479
Tauerntunnel 6401
Tweng
Hochfeind 2687
Weißpriach
Fanninghöhe 2115
Weißeneck 2563
Schareck 2466
Weißeck 2711
Bruckdorf
Zederhaus
Nebelkareck 2535
Lamm
Fell
Radstädter Tauern
Frauennock 2678
2427 Großeck
Hintermuhr
St. Michael im Lungau
Weißburg
96
Unterer Rötgüldensee
Muhr
Hemerach
St. Margarethen im Lungau
Oblitzen 2657
Katschbergtunnel 5349
Großer Hafner 3076
Kareck 2481
Aineck 2210
Großer Sonnblick 3030
Gries
Schober 2967
St. Peter
Rennweg am Katschberg
Maltatal
Hochalmspitze 3380
Ried
Burgstallberg
Vorderkrems
Wetschenbach
Speiereck

D
E
F
Pleschnitzzinken
2111
Spateck
2256
Sagschneider
Mößna
Höchstein
2543
Hochwildstelle
2747
Weiße Wand
Großer Knallstein
2599
St. Nikolai im Sölktal
erfallspitze
2507
Waldhorn
2702
Schwarzensee
2525
21
Hochgolling
2863
Predigstuhl
2545
Gamsleiteck
2489
Somspitz
2414
Preber
2741
Trübeck
2367
Krakauhintermühlen
Moos
Krakaudorf
22
Lessach
Prebersee
Weidschober
1789
Pistrach
Lercheck
1699
Fresen
Göriach
Seetal
upert
lieben
elfahrt
ariapfarr
St. Andrä im Lungau
Haiden
Gstoder
2141
95
Sauerfeld
rndorf
Tamsweg
Murtalbahn
St. Ruprecht
Neggerndorf
Schladminger Tauern
Falkendorf
nternberg
Lasaberg
1934
97
96
Stadl an der Mur
23
Einach
Pischelsdorf
Steindorf
Ramingstein
Gruben
Predlitz-Turrach
Thomatal
Burg Finstergrün
Kendlbruck
Schmelzofen-anlage Bundschuh
Paalbach
Fegendorfer Kopf
2003
Kradofen
2002
Tschaudi Nock
2203
Mühlhauserhöhe
2314
vand
24
Kilnprein
2408
nerkrems
Turrach
D
E
0
300 m
N

Kartenregister

Orts- und Sachregister

Hier finden Sie alphabetisch aufgeführt alle in diesem Band beschriebenen Orte und Ziele, Routen und Touren. Bei einzelnen Sehenswürdigkeiten steht jeweils der dazugehörige Ort in Klammern, bei Hotels steht zusätzlich die Abkürzung H für Hotel. Außerdem enthält das Register wichtige Stichworte sowie alle MERIAN-Tipps dieses Reiseführers. Wird ein Begriff mehrfach aufgeführt, verweist die **fett** gedruckte Zahl auf die Hauptnennung im Band.

A

B

C

D

E

F

G

H

IMPRESSUM

Liebe Leserinnen und Leser,

Sie haben die komplett aktualisierte Neuausgabe 2002 von MERIAN live! vor sich, die von unseren Autoren vor Ort nachrecherchiert wurde. Wir freuen uns, Ihre Meinung zu diesem Reiseführer zu erfahren. Bitte schreiben Sie uns, wenn Sie Berichtigungen und Ergänzungsvorschläge haben oder Ihnen etwas besonders gut gefällt.

Gräfe und Unzer Verlag, Reiseredaktion, Postfach 86 03 66, 81630 München
E-Mail: merian-live@graefe-und-unzer.de

Alle Angaben in diesem Reiseführer sind gewissenhaft geprüft. Preise, Öffnungszeiten usw. können sich aber schnell ändern. Für eventuelle Fehler übernimmt der Verlag keine Haftung.

Redaktion: Martina Gorgas
Kartenredaktion: Reinhard Piontkowski, Beate Jankowski

Bei Interesse an Karten aus MERIAN-Reiseführern schreiben Sie bitte an: iPublish GmbH, geomatics, Berg-am-Laim-Straße 47, 81673 München. E-Mail: geomatics@ipublish.de

Gestaltung: Ludwig Kaiser
Karten: MERIAN-Kartographie
Produktion: Helmut Giersberg
Satz: Filmsatz Schröter, München
Druck und Bindung:
Stürtz AG, Würzburg

Fotos: edition vasco 6 m, 51 m, 78/79, 93 m, 93 u; /N. M. Königstein 61 m; /T. Müller 7 u, 11 u,14, 21, 40, 43 m, 55, 58, 63, 65 o, 65 u, 72/, 70, 76, 105; /W. Seitz 7 o, 43 o, 61 u; R. Freyer 2, 16/17; H. Hartmann 69, 93 o; Hotel Goldener Hirsch 12/13; G. Jung 22/23, 27 o, 27 m, 43 u; Photo Press 61 o /Dr. Maier 11 o, 51 o, /Möhn 33 /Rose 4/5, 11 m, 27 u, 51 u, 65 m; Transglobe/Marka 90/91; PR Wildpark Ferleiten 74

ISBN 3-7742-0697-X

Gedruckt auf Luxosamtoffset von Schneidersöhne Papier.

Auflage 5. 4. 3. 2. 1.